ちくま新書

露出する女子、覗き見る女子

——SNSとアプリに現れる新階層

三浦 展
Miura Atsushi
天笠邦一
Amagasa Kunikazu

1429

露出する女子、覗き見る女子——SNSとアプリに現れる新階層【目次】

第3章　筋肉女子（ボディ系）の誕生とその政治性　三浦　展　181

まえがき

三浦 展

最初は「インスタ映《ば》え」と呼ばれる行動と消費の実態を調べたいと思っただけだった。しかし調査をしてみると、「インスタ映え」以上に面白い結果が見えてきた。その概要をまとめたのが本書である。

天笠さんとは2018年に、たまたまある仕事で知り合った。SNSなどメディア・コミュニケーションの専門家で、女子大の先生をしている天笠さんは、SNSのアプリにも、その利用のされ方にも僕の何十倍も詳しい。というか私は、本調査の質問項目で言えば「Facebook に近況の文章や写真を投稿する」か「Facebook の投稿を閲覧する」くらいしかしていない。

ところが若い世代は Twitter や Instagram で検索をするらしい。検索と言えばグーグルでしょと思っているのは中高年で、若い世代は検索手段として Twitter や Instagram

などを使うという。こういう実態も探るべく天笠さんと共同で調査をすることにしたのである（調査概要は18頁）。

天笠さんはまず投稿やInstagramのストーリー、ライブ配信という発信の機能を利用する「Facebook女子」「ストーリー女子」「ライブ女子」、逆に検索や閲覧を中心にSNSを情報源として利用している「検索女子」や「閲覧女子」を中心に分析を行った。

「Facebook女子」は、その名の通り、Facebookを利用している女性たちだ。彼女たちは実は主要メディアの利用者の中では少数派であり、社会的・経済的に安定したポジションを築いた「上流」な女子たちである。仕事を頑張り、努力を惜しまない学級委員的な性質を持っていて、俗にいう「バリキャリ女子」と印象が近いだろう。

「ストーリー女子」は、Instagramの24時間で消える投稿機能（ストーリー）を活用している女子たちだ。寂しがり屋だが、その寂しさをモチベーションに積極的に社交をして、充実した対面的な人間関係を築いている。そうした人間関係の中での楽しい・充実した経験をストーリーを通して露出・発信している「リア充＝リアルが充実した」女性たちだ。後で述べる「検索女子」とは対照的な類型である。

「ライブ女子」は少数派ではあるが、自らをコンテンツにネットを活用した生中継を行う最先端の類型である。身近な人間関係にストレスと孤独感を感じているが、そんなことで絶望したりはしない。むしろ、それを糧にすべてを前向きにとらえ、他者を助けながら、ワクワクを求め、自分をコンテンツ化し、ネットを活用したライブ配信を行っている。他者に頼らず自ら「居心地のよい新たな世界」を生み出そうとしているイノベーターである。

「検索女子」はTwitterで趣味やニュースなどを検索し続ける類型だ。未婚の検索女子たちは、家庭や家族など身近な環境に少々不満を抱えつつ、経済的にも安定しない。そんな環境の中、ここではないどこかを探して、検索を続けながら、シニカルに内省する感受性の高い女性たちである。いわゆる「こじらせ女子」に近いだろう。一方で、既婚の検索女子たちは、知識を編集し、新たな価値を生み出せるようなイノベーター層も多い。

「閲覧女子」は、Instagramで、自ら投稿をせず、ひたすら他人の投稿を見続ける類型だ。未婚の女性に多く、将来の具体的ヴィジョンはないが、何かしらの漠然とした不満や不安は抱えていて、それに対処するための「お金」を求めている。未だに根強い男性社会、そしてそれに合わせる形で勝ち馬に乗ろうとする女性たちの両方を批判的に観察しながら、現状に耐え、将来に備え続ける女性たちだ。

第2章のアプリの使い方から見えて来た類型としては「自己露出系」が最も私の興味を引いた。考えてみれば当たり前だったが、「インスタ映え」の中にはカフェの食事などをアップするだけのものの他に、自分を美しい風景、珍しい場所、楽しい場所などの中で自撮りしてアップするケースが多数ある。そういう自分を露出する「自己露出系」は、消費行動の面でもいわゆるインスタ映え狙いの消費者以上に積極的であり、注目すべき存在である。

また「金融系」のアプリを使う女性には夫婦共稼ぎで年収の高い「パワーカップル」が多い反面、「ゲーム系」「占い系」「マッチング系」「情報系」のアプリを使う女性には社会や生活に対してネガティブな態度を持つ人が多いこともわかった。つまり、簡単に言えば、どういうアプリの使い方をするかと、生活満足度や階層格差がかなり関連しているのだ。

さらに興味深いのは「自己露出系」の階層意識は年収に比例して上流が増える傾向が顕著であることがわかった点だ。彼女たちは、年収の増加によってファッションや化粧などの消費行動が派手になりやすいタイプであり、その行動を自撮りして露出することに積極的である。つまり彼女たちは、容姿や消費生活において自分を露出すべき存在であるという認識を持てるのであり、その自己認識自体が自信となって上流意識を持っているとも言えそうである。

また第3章では「なりたい職業」についての分析をしている。2007年に私は、スタンダード通信社と共同で「ジェネレーションZ調査」という若者調査を行い、15―22歳の女性に「なりたい職業」について質問した。「キャバクラ嬢が『なりたい職業』の9位！」ということで話題になった調査である（『ニッポン若者論』ちくま文庫）。

その調査を分析した時点で、どんな職業につきたいかは、その人の学力、能力、性格、容姿、価値観などと非常に強く相関していることがわかっている。今回の調査では、SNSの使い方となりたい職業にかなり相関があるのではないかという仮説があったので、質問をしてみたのである。

結果を見ると「ボディ系」という類型が最も私の関心を引いた。2018年頃から「筋肉女子」という言葉が流行っているが、それとも関連がありそうだった。またやはり「なりたい職業」にも女性の中での格差の問題が大きな影を落としているように思えた。

スマホの中のSNSとアプリに現れる格差について検証するために、利用するSNS別に階層意識を見てみると、「ツイキャスでライブ配信をする」「Facebookのストーリーを投稿する」「ニコニコ生放送でライブ配信をする」「Snapchatでストーリーを投稿する」「Twitterでライブ配信（Periscope）をする」「Facebookに近況の文章や写真を投稿する」「YouTubeに動画を投稿する」「Instagramのストーリーを投稿する」といった行動をとる人――つまり主に自分を主人公にして動画や写真をアップする人は、階層意識が上流意識の人（生活水準5段階で「上」＋「中の上」）が2割以上いる（図表1）。

対して「Twitterで検索をする」とかニコニコ生放送、YouTube、ツイキャス、Twitter、Instagramなどを閲覧する人は、下流意識の人（生活水準5段階で「下」＋「中の下」）が多い。

また利用アプリと階層意識の相関を見ても、「ファッションアプリにコーディネートを投稿する」「自分の顔が映った写真をInstagramやTwitter、Facebookに投稿する」「料理のレシピや動画を投稿する」といった自分を露出する人は上流意識の人が多く、ゲームや占いをしたり、電子書籍を読んだり、音楽を聴いたり、映像を見たりする人は下流意識の人が多いのである（図表2）。

図表1　利用SNS別階層意識（%）

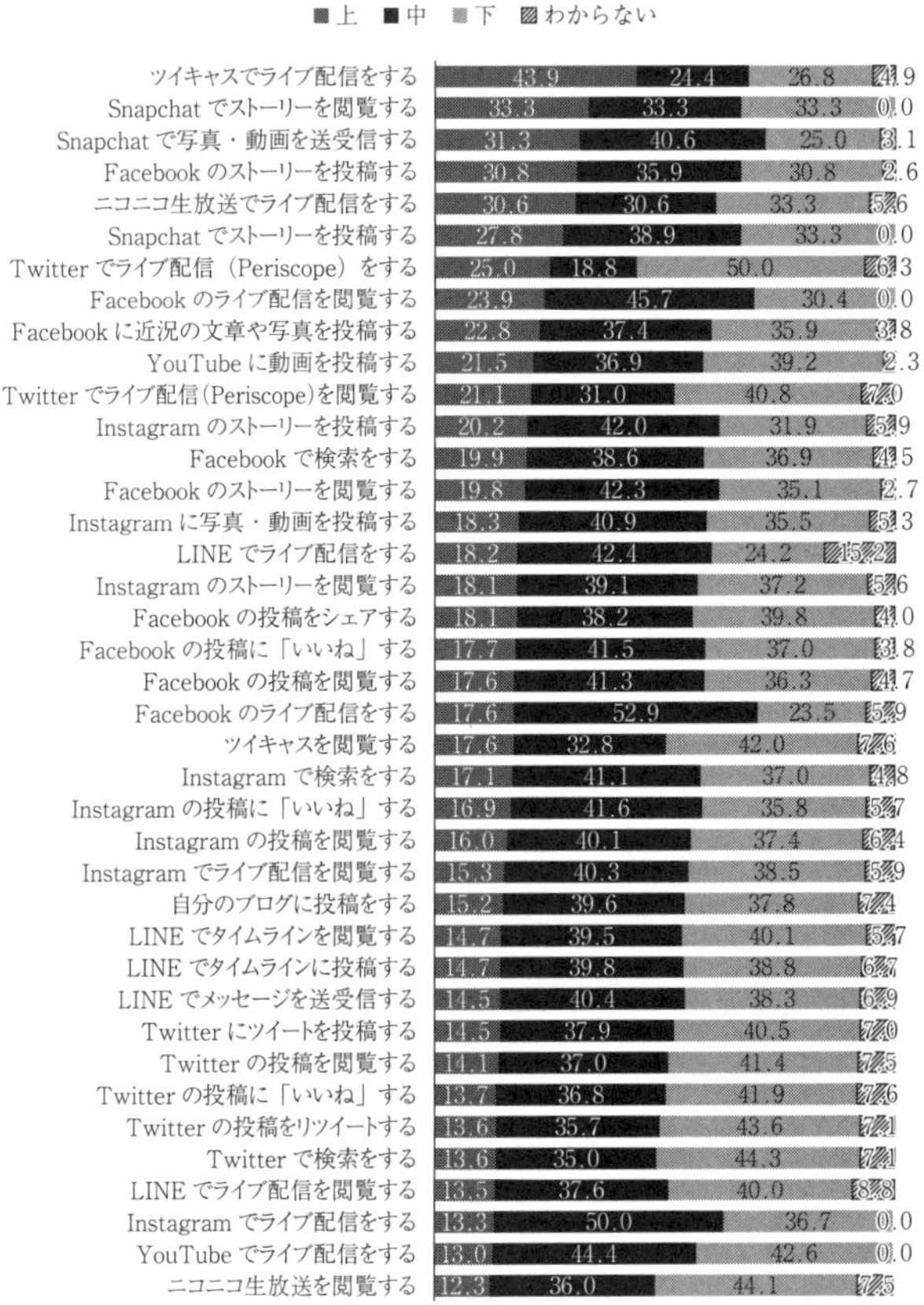

上
中
下
わからない
ツイキャスでライブ配信をする 43.9 24.4 26.8 4.9
Snapchat でストーリーを閲覧する 33.3 33.3 33.3 0.0
Snapchat で写真・動画を送受信する 31.3 40.6 25.0 3.1
Facebook のストーリーを投稿する 30.8 35.9 30.8 2.6
ニコニコ生放送でライブ配信をする 30.6 30.6 33.3 5.6
Snapchat でストーリーを投稿する 27.8 38.9 33.3 0.0
Twitter でライブ配信（Periscope）をする 25.0 18.8 50.0 6.3
Facebook のライブ配信を閲覧する 23.9 45.7 30.4 0.0
Facebook に近況の文章や写真を投稿する 22.8 37.4 35.9 3.8
YouTube に動画を投稿する 21.5 36.9 39.2 2.3
Twitter でライブ配信(Periscope)を閲覧する 21.1 31.0 40.8 7.0
Instagram のストーリーを投稿する 20.2 42.0 31.9 5.9
Facebook で検索をする 19.9 38.6 36.9 4.5
Facebook のストーリーを閲覧する 19.8 42.3 35.1 2.7
Instagram に写真・動画を投稿する 18.3 40.9 35.5 5.3
LINE でライブ配信をする 18.2 42.4 24.2 15.2
Instagram のストーリーを閲覧する 18.1 39.1 37.2 5.6
Facebook の投稿をシェアする 18.1 38.2 39.8 4.0
Facebook の投稿に「いいね」する 17.7 41.5 37.0 3.8
Facebook の投稿を閲覧する 17.6 41.3 36.3 4.7
Facebook のライブ配信をする 17.6 52.9 23.5 5.9
ツイキャスを閲覧する 17.6 32.8 42.0 7.6
Instagram で検索をする 17.1 41.1 37.0 4.8
Instagram の投稿に「いいね」する 16.9 41.6 35.8 5.7
Instagram の投稿を閲覧する 16.0 40.1 37.4 6.4
Instagram でライブ配信を閲覧する 15.3 40.3 38.5 5.9
自分のブログに投稿をする 15.2 39.6 37.8 7.4
LINE でタイムラインを閲覧する 14.7 39.5 40.1 5.7
LINE でタイムラインに投稿する 14.7 39.8 38.8 6.7
LINE でメッセージを送受信する 14.5 40.4 38.3 6.9
Twitter にツイートを投稿する 14.5 37.9 40.5 7.0
Twitter の投稿を閲覧する 14.1 37.0 41.4 7.5
Twitter の投稿に「いいね」する 13.7 36.8 41.9 7.6
Twitter の投稿をリツイートする 13.6 35.7 43.6 7.1
Twitter で検索をする 13.6 35.0 44.3 7.1
LINE でライブ配信を閲覧する 13.5 37.6 40.0 8.8
Instagram でライブ配信をする 13.3 50.0 36.7 0.0
YouTube でライブ配信をする 13.0 44.4 42.6 0.0
ニコニコ生放送を閲覧する 12.3 36.0 44.1 7.5

資料：カルチャースタディーズ研究所＋天笠邦一＋三菱総合研究所

図表2　利用アプリ別階層意識（%）

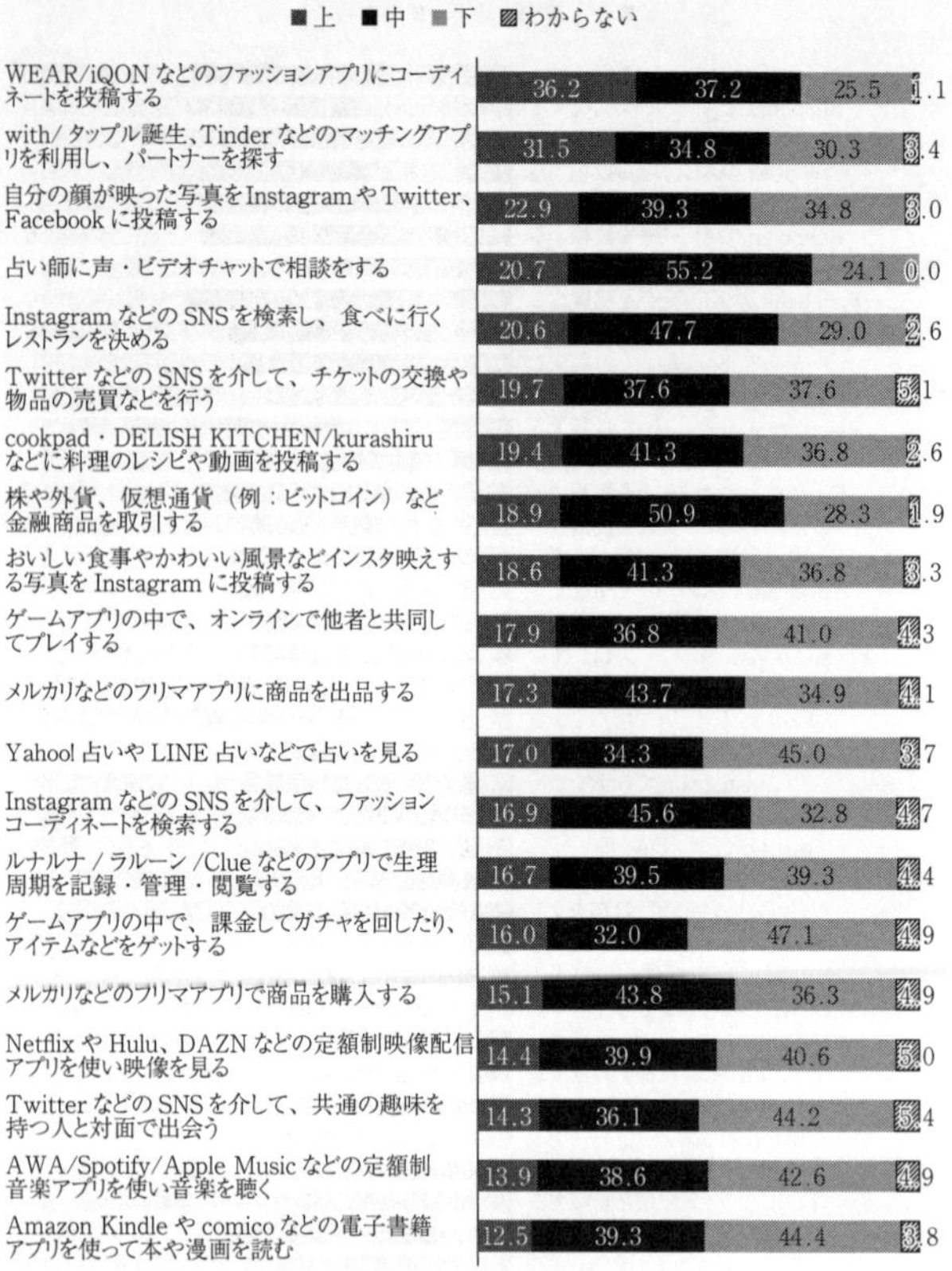
上
中
下
わからない
WEAR/iQON などのファッションアプリにコーディネートを投稿する
36.2 37.2 25.5 1.1
with/ タップル誕生、Tinder などのマッチングアプリを利用し、パートナーを探す
31.5 34.8 30.3 3.4
自分の顔が映った写真をInstagram や Twitter、Facebook に投稿する
22.9 39.3 34.8 3.0
占い師に声・ビデオチャットで相談をする
20.7 55.2 24.1 0.0
Instagram などの SNS を検索し、食べに行くレストランを決める
20.6 47.7 29.0 2.6
Twitter などの SNS を介して、チケットの交換や物品の売買などを行う
19.7 37.6 37.6 5.1
cookpad・DELISH KITCHEN/kurashiru などに料理のレシピや動画を投稿する
19.4 41.3 36.8 2.6
株や外貨、仮想通貨（例：ビットコイン）など金融商品を取引する
18.9 50.9 28.3 1.9
おいしい食事やかわいい風景などインスタ映えする写真を Instagram に投稿する
18.6 41.3 36.8 3.3
ゲームアプリの中で、オンラインで他者と共同してプレイする
17.9 36.8 41.0 4.3
メルカリなどのフリマアプリに商品を出品する
17.3 43.7 34.9 4.1
Yahoo! 占いや LINE 占いなどで占いを見る
17.0 34.3 45.0 3.7
Instagram などの SNS を介して、ファッションコーディネートを検索する
16.9 45.6 32.8 4.7
ルナルナ / ラルーン /Clue などのアプリで生理周期を記録・管理・閲覧する
16.7 39.5 39.3 4.4
ゲームアプリの中で、課金してガチャを回したり、アイテムなどをゲットする
16.0 32.0 47.1 4.9
メルカリなどのフリマアプリで商品を購入する
15.1 43.8 36.3 4.9
Netflix や Hulu、DAZN などの定額制映像配信アプリを使い映像を見る
14.4 39.9 40.6 5.0
Twitter などの SNS を介して、共通の趣味を持つ人と対面で出会う
14.3 36.1 44.2 5.4
AWA/Spotify/Apple Music などの定額制音楽アプリを使い音楽を聴く
13.9 38.6 42.6 4.9
Amazon Kindle や comico などの電子書籍アプリを使って本や漫画を読む
12.5 39.3 44.4 3.8

資料：カルチャースタディーズ研究所＋天笠邦一＋三菱総合研究所

どういうSNS、アプリを使うかはかなりその人の階層意識と関連しているのだ。ということは、年収、学歴、職業、結婚、幸福度、生活満足度なども関連しているはずである。ざっくり言えば、露出するべき何か（豊かな暮らしとか美貌とかスタイルの良さとか）を持った、少なくとも一見すれば幸福そうな女性たちが自分を露出し、それらをあまり持たない女性は自分を露出せず、露出する人々を覗いたり、単に読書、鑑賞、検索をしたりしているのである。

利用するSNSやアプリでこういう多様な女性像が浮かび上がるとは私は当初はまったく思っていなかった。何しろスマホの中のことなので、外から観察しても人が何に関心を持っているかわからない社会になった。

だが考えてみれば、スマホがほぼ100％普及し、多くの人が多様なSNSを使っているのだから、人間の多様な類型に即して多様なSNSの使われ方があるのは当然なのだ、今回の調査は、外から観察してもわからない多様性、格差などをある程度浮き彫りにできたと思う。

インスタ映えのマーケティング調査

調査概要

調査方法　三菱総合研究所が毎年行っているインターネット3万人調査「生活者市場予測システム」(mif)に追加質問(パソコンによる回答)

調査対象　全国の20―30代女性5442人(20―24歳773人、25―29歳1709人、30―34歳1486人、35―39歳1474人)

実施年月　2018年6月1日〜6月19日

調査主体　カルチャースタディーズ研究所、天笠邦一、三菱総合研究所

第1章

露出志向と覗き見志向
——SNSで棲み分ける女性たち

天笠邦一

はじめに

女性を理解することは、難しい。男性である私にとってはなおさらだ。

この本、そして本章の目的は、そんな私と同じように、今を生きる女性の行動や生き方に興味を持ち、それを少しでも理解したいという方々に、現代社会特有の新しい視点を提供することである。新しい視点とはすなわちインターネット上のソーシャルメディアだ。

性別の枠組み自体が問われるこの時代に、「男性は……」「女性は……」ということ自体が古臭いのかもしれない。しかし、世界経済フォーラムが毎年発表しているジェンダー・ギャップ指数の最新版（2018年版）では、日本は149カ国中110位である。「男性」と「女性」の置かれた社会的環境には、まだまだ大きな差異がある状態だ。少なくとも、現状の日本において社会的属性・集団としての男性・女性を語ることには、いまだに大きな意味がある。

意味はある、のだが女性を理解し語ろうとすることは「以前よりも」難しくなっている。

若いころはもう少し女心がわかったはずなのだけど……と感じているオジサマ方（私も含め）の戸惑いも、年のせいだけではない。少し年下の子たちの休日や家での様子は想像がつかないなと思っているオネエサマ方も、決して、観察力や感性が足らないわけではないのだ。女子大で教員として働いている私も、学生たちが何を感じ、考え、どのような行動をとるのか理解しようと日々、格闘中だ。

†ネットと現実の間にある高い壁

では、なぜ、理解が難しくなっているのか。それは、先程、本書の新しい視点であると述べたインターネットが社会の隅々にまで普及したという要因が大きい。互いを理解するために必要な、今までは目に見えていた消費のスタイルや人間関係がネット上で完結し、リアルな空間に出てこないのだ。私は、インターネットやソーシャルメディアの社会的影響を調査する研究者だ。その研究者にとっても、当事者や親しい人以外には見えず、表に出てこない女性たちの活発なメディアの利用をどうやってとらえるのかは常に悩みの種なのだ。

もちろん方法は色々ある。ネット上のサービスの「ログ」といわれる利用記録を、流行《はや》りのビッグデータとして解析してみるのもよいだろう。しかし、それでは逆にネット上のふるまいだけが見えて、その人が現実世界でどのような属性や価値観を持ち、どのようなふるまいをしているのかはわからない。ネットと現実との間にある壁が、私たちが現代の女性たちを理解することを困難にしている。

そんな折、「まえがき」にもある通り、別の仕事で知り合った三浦さんと「女性や若者の理解ってネットのせいで難しくなっているよね」という認識で盛り上がり、共同でネットの利用と様々な属性や価値観、消費行動を結びつけた、大規模な調査を行うことにした。本章で紹介するのは、その調査結果である「SNS（ソーシャル・ネットワーキング・サービス）の利用」から、現代の女性の姿を捉え、理解をしてみようという試みである。

†ネットは、現実よりも広大になった!!

この本を手に取ってくださった読者の皆さんには、現代の女性たちを理解する上での「インターネットやSNSの重要性」は、今の時点でも納得していただけているはずだ。ただ、「ネットやSNSなんて、気楽な遊びじゃないの?」と考えている方もいるかもしれないので、念のため、若い女性の日常生活におけるSNSの重要性を示す一つの事例をお話ししたい。

私はよく、以下のような場面に出くわす。学生との対面の会話の中で、同級生のAさんに関する話題が出る。ひとしきり学生がAさんについてのエピソードを話し、私が「へぇ〜、そうなんだ!」などと相槌を打ちながら何の違和感もなく会話が続く。そして、最後に「Aさんとは仲がいいんだね」と聞くと、「いや、あんまり話したことないです」「会っても挨拶くらいですよ」と学生が答える。

彼女たちに「会ってもないのに、なんでわかるの?」と聞くと、大抵「SNSではつながっているので」と答えるのだ。少なくとも、若い世代の女性たちにとっては、SNS上のふるまいだけで、その人のことを「こんな人、あんな人」と判断することがおかしなことではなくなってきている。むしろ、様々なグループLINEに入り、複数のSNSに多くのフォロー・フォロワー関係を持ち、知らない人はまずSNS上を検索するような、対面的な対人接触よりネットを介した対人接触のほうが多い彼女たちにとっては、そちらのほうが普通なのだ。

現代の女性たちにとっては、「今ここ」に縛られる現実よりも、ネットの世界のほうが広大で時に有益……らしい。こういったエピソードは、ファッションや消費など、これまで物理的に目に見える形で行われてきた「自分がどんな人なのか」という社会的な表明が、ネット上にまで拡大していることを示している。つまり、デジタルネイティブな現代の女性たちの社会性を捉え、理解を図るのであれば、彼女たちのネット上、特に他者の目に晒されるSNS上の行動を無視することはできないのだ。

†SNSは、異なる価値観・ステータスの棲み分けの場

一方で、若い女性たちは、新しく獲得したSNSという世界で自由に自己表現しているわけではない。彼女たちはメディアの利用に対してある意味とても賢く慎重だという印象を受ける。未だにネット炎上が頻繁に話題になるが、あのような炎上を引き起こすのは本当にごく一部の若者たちなのだ。多くの女性たちは、ネットがフラットな構造を持つがゆえに、異なる文化や倫理が衝突を起こしやすいことを知識・経験的に知っている。だから、衝突や炎上を起こさない同じ文化・価値観を持つ者同士で、ネット上で積極的に固まり閉じるのである。

世界中の人々に瞬時につながる、場合によってはアメリカ大統領とも簡単につながるような構造としての「フラット化」と、その中での行動や実践における文化上での衝突、そ

してそれを避けるための「断絶」は同時並行的に進んでいくのだ。

そうした断絶の場となるインターネット上で、自分が持つ文化や価値観、ステータスの表現の場として一番基本的な枠組みとなるのが、「どのＳＮＳを使っているのか」という選択である。主要なものだけでも複数のＳＮＳが存在する現代のインターネット環境の中では、利用するＳＮＳ（＝人間関係）の選択も大切な自己認識であり自己表現の表れである。そして、こうした自己認識・表現の結果選択されるＳＮＳには、それぞれの色が生まれているはずなのだ。

以下では、まず20〜39歳の若い女性たちの間で利用されている主要なＳＮＳ（ＬＩＮＥ、Twitter、Instagram、Facebook）について、それぞれどのような女性たちが利用しているのか、私たちが行った調査を元に描き出してみたい。各ＳＮＳの主要な利用者層を知ることとは、何によって女性が棲み分けているのか、その軸を見出すことにつながるからだ。

現在、女性たちの利用率が高いのは、ＬＩＮＥ（メッセージ送受信78・6％）、Twitter（閲覧42・8％、投稿25・0％）、Instagram（閲覧39・4％、投稿19・3％）、Facebook（閲覧33・8％、投稿8・7％）の四つのＳＮＳである。これら四つのＳＮＳは現代日本社会における四大ＳＮＳといえる。なお、それぞれの具体的な利用率は、そのメディアを「１カ月以内に利用した」と答えた人の割合だ。まずは、SNSの棲み分けの軸を探し出すため、これらの四大SNSの利用率と利用者の属性を分析してみよう。

†既婚者のSNS、未婚者のSNS

各SNSの利用率と基本的な利用者の指標を掛け合わせると、婚姻状況（未既婚の別、未婚2661サンプル・既婚2638サンプル）と年齢が、最もメディア利用率との関係が深いことがわかった。若いほどSNSの利用が盛んなのは、感覚的にも頷ける。しかし、婚姻の状況でここまで利用率が異なるということは、分析してみるまでわからず、私たちにとっても意外だった。しかも、さらに興味深いことに、ほぼすべての年齢で既婚者のほうが利用率が高いメディアと、逆に未婚者のほうが利用率が高いメディアが存在している。

図表1-1から具体的な数字を見てみよう。全体の利用率が8割弱あり、もはや「インフラ」の一つともいえるLINEのメッセージの送受信でも、既婚者と未婚者の間では10%強（既婚者83・9%、未婚者73・5%）利用率が異なり、24歳以上のすべての年齢層で既婚者の利用率が上回っている。Twitterの閲覧ではなんと20%強（既婚者32・1%、未婚者54・2%）未婚者のほうが高く、こちらも24歳以上のほぼすべての年齢で既婚者の利用率

LINE は既婚者のメディア、
Twitter は未婚者のメディア

図表1-1　年齢・未既婚ごとの各種メディアの利用率

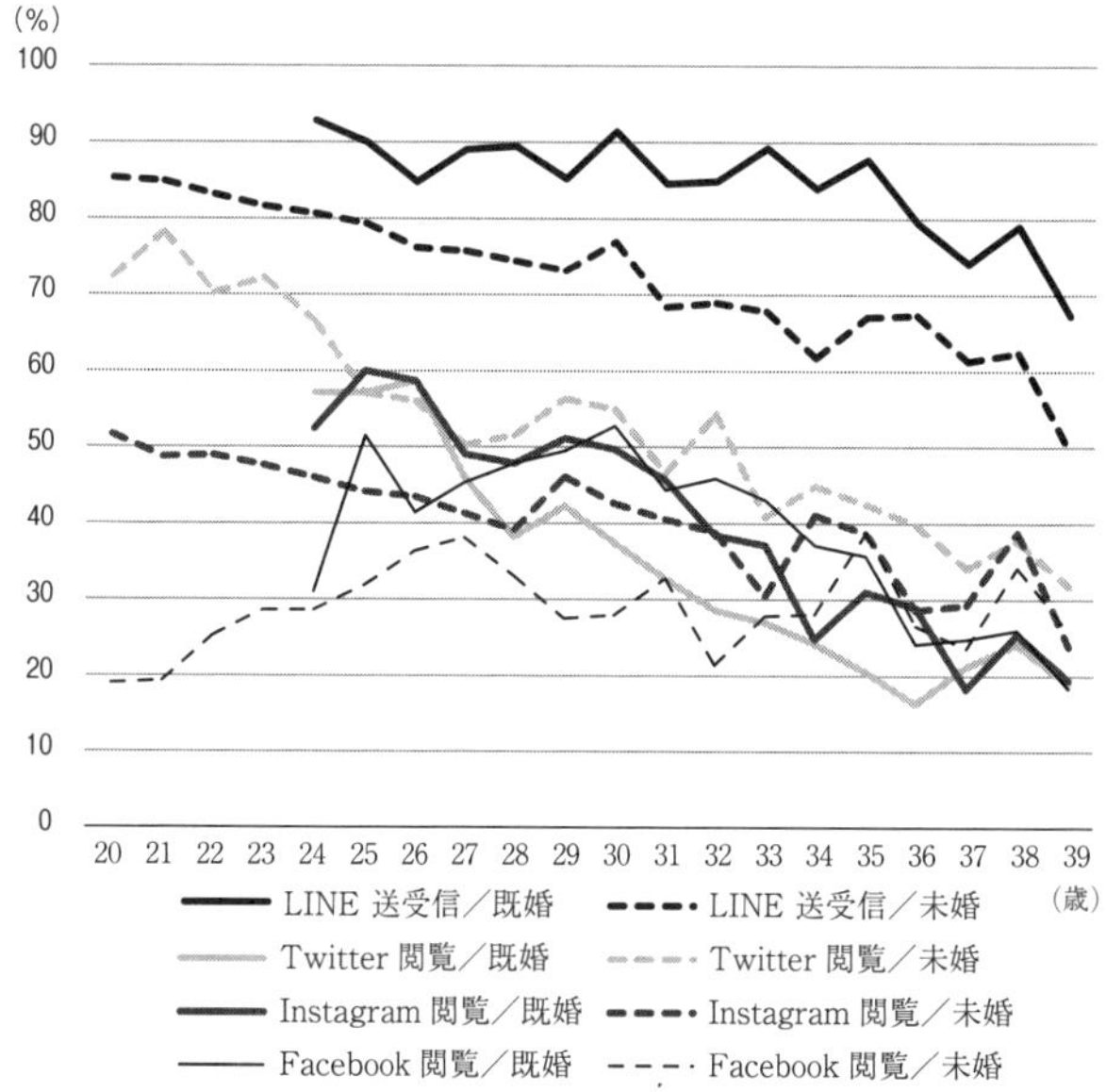

注：23歳以下の既婚者は母数が少なく（25サンプル以下）、結果が安定しないためグラフ表記から除外

資料：カルチャースタディーズ研究所＋天笠邦一＋三菱総合研究所

を上回る。LINEは既婚者のメディア、Twitterは未婚者のメディアとも言える状況だ。ちなみにInstagramとFacebookは年齢によって異なり、30代の前半までは既婚者の利用率が高く、中頃から後半になると、同じか未婚者のほうが高くなる傾向がみられる。

†選べるつながりと選べないつながり

なぜ、未婚と既婚で、ここまで利用率が異なるのだろうか。その答えの一つとなると考えられるのが、未婚者、既婚者のコミュニティの形の違いである。理想論はともかく、現実的に、「結婚」は選択できない有限で閉じられた対面ベースの人間関係（夫や親族、地域の子どもの友人関係）の中に、女性が組み込まれるきっかけなのだ。

モバイルメディアの研究者の松田美佐は、その著書『ケータイ学入門』（有斐閣、2002年）の中で「番通選択」（通知される電話番号や名前を見て、電話を取るか取らないか決める行為）の有無について調査を行っている。その際にわかったのは、親族や夫、または子どもも関係の必須な連絡が多い既婚者のほうが「番通選択」を行わないということだ。結婚してできるつながりは取捨選択できないのだ。

これとまったく同じことがLINEにも起こっていると考えられる。すなわち、既婚者のほうが利用率が高いLINEは、そうしたクローズな（close／閉じた、親密な）選べない人間関係のマネージメントツールとして利用されているのだ。逆の言い方をすれば、自由にコミュニケーションの相手を選び、広げていくことができるオープンな人間関係の中に身を置いているのか、それとも、ある程度、強制力のあるクローズな人間関係の中に身を置いているのかによって、SNSの棲み分けがなされていると言える。

†上流メディアとしてのFacebook

もう一つ、メディアの利用率に顕著な影響を及ぼしている要素がある。それは収入だ。端的に言えば、収入が多い人のほうが利用率が高いFacebookのようなメディアと、収入が低い人のほうが利用率が高い（特に未婚者）Twitterのようなメディアが存在する。こうした社会的ステータスによる棲み分けも、ソーシャルメディア上では行われているのだ。

図表1-2から個人年収とSNSの利用率との具体的な関係をみてみよう。まず、顕著な傾向を示すのは、Facebookである。未婚者でも既婚者でも見事なほどに、収入が高いほどFacebookの利用率が高い。金銭で測れる「格差社会」というものがあるとしたら、Facebookは個人として収入が低い女性は使いにくい、上流にあるSNSだと言える。次

Facebookは上流のメディア、Twitterは下流のメディア？

図表1-2　個人年収・未既婚ごとの各メディア利用率

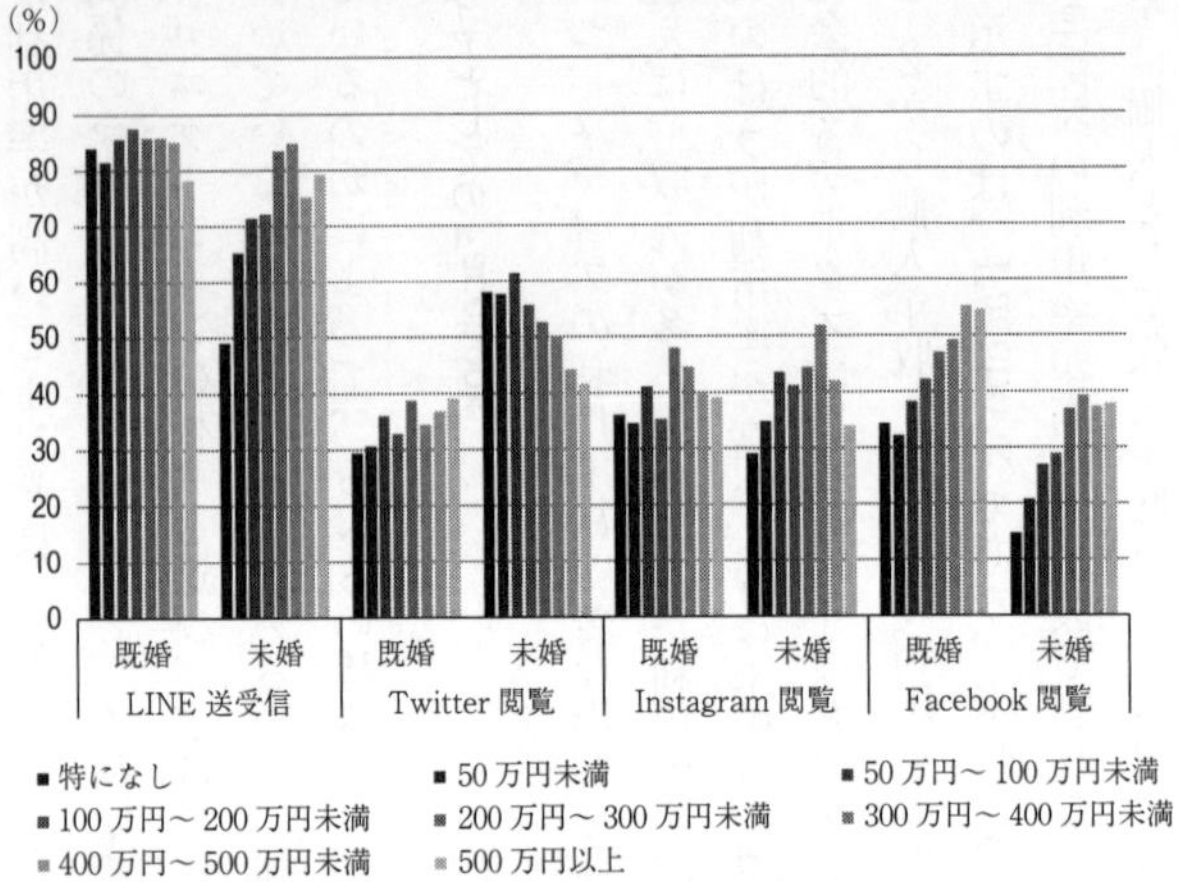

資料：カルチャースタディーズ研究所＋天笠邦一＋三菱総合研究所

に顕著な傾向を示すのが、Twitterだ。未婚と既婚で傾向が異なるが、Twitterの利用率が高い未婚の女性についてみると、収入が低いほど利用率が高い傾向がみられる。未婚なので、専業主婦だから個人年収が少ないというわけではない。あくまで経済的に不安定な環境にある女性のTwitterの利用率が高いのだ。その意味では、Twitterは「下流」なメディアともいえる。

一見、こうした上流・下流の議論は、女性と、彼女たちが利用するメディアをつなぐ概念として的を射たものであるように思える。しかし、既婚のTwitter利用者をみると、それほど事態は単純でない。既婚者では、個人年収が高い人のほうがTwitterの利用率が高いのである。このような既婚・未婚での収入状況のねじれはなぜ起こるのであろうか。その理由として考えられるのが、Twitterの、四大SNSの中で最も優れた情報流通能力である。

†流通するのはステータスか、情報か

そもそも、SNSがメディアとして流通させているモノは、二つある。一つがネットワークやコネクションとも呼ばれる「つながり」で、もう一つがそのつながりを介して運ばれる「情報」だ。Twitterのように、リツイート（友人から自らの元に届いた情報を、他の友人たちに転送する機能）や検索など、情報を流通させるための機能が充実したSNSでは、どうしても「情報流通」の要素が強まり、「つながり」を流通させるという側面が弱まる。一方で、Twitterよりも情報流通の機能が充実していないFacebookなどでは、相対的に「つながり」を流通させるという側面が強まるのだ。

余談だが、実はTwitterは、自らの事をSNS（Social Networking Service）＝社会的なつながりを提供するサービスであるとは定義していない。「インタレスト・ネットワーキ

ング・サービス=関心のつながりを提供するサービス」と表現をしたり、「ニュースメディアに近い」と表現したり、様々なのだが、いずれにしてもつながりよりも情報流通に重きが置かれたサービスであることは間違いがない。

†世間体が必要なメディアと必要でないメディア

こうしたTwitter以外の、「つながり」を流通させる側面が強いSNSでは、必然的に自分が持っているつながりを表明・発信していくことが求められる。それはつまり、自らの社会的なポジション、ステータスを表明し続けることを求められるということだ。実名でかつ、Twitterほど情報流通に関する機能が充実していないFacebookが、経済力や立派な人間関係など、世間体がよいステータスを持つほど利用しやすくなるのも頷ける。

一方で、Twitterはこうしたステータスの表明は少なく、純粋な情報交換の要素が強い。つまり、社会的なステータスを持っていなかったとしても、情報だけを求めて、気楽に利用することができる。また逆に、結婚などで社会的なステータスが固定されていたとしても、そこから離れて純粋に情報を求めることができるのだ。

ここまで見てきたように、「つながり・ステータス」を他者に伝えることを望むのか、それとも有益な「情報」を他者に伝えることを望むのかという基準は、先に持っているネットワークがオープンなものかクローズなものかという基準と同じく、メディア利用の視点から見た女性の類型を考える際に、重要な軸となる。

†都会のメディアとしてのInstagram

最後に、ここまであまり触れてこなかった、Instagramのメディアとしての立ち位置についても考えてみたい。Instagramは、近年最も注目を集めている画像投稿型のSNSである。このInstagramの利用を考える際に興味深いのは、居住地の都市規模別の利用率だ。端的にいうとInstagramは都会の人ほど利用率が高い、都市派のSNSである。

図表1-3から具体的な数字を見てみると、地域コミュニティの拘束が強く、物理的な制約から他のコミュニケーションの代替手段もない、最も人口密度が低い地域に住む既婚者以外は、大規模な街に住む人ほど、Instagramの利用率が高い。つまり、Instagramは、都会のほうが優れているもの＝流行などに即した消費体験を伝えるのに適したメディアであると推察される。流行語にもなった「インスタ映《ば》え」という言葉は、こうした消費体験を伝えるメディアという性格の延長線上にあるともいえるのである。

Instagramは都会のメディア

図表1－3　居住都市規模・未既婚ごとの各メディア利用率

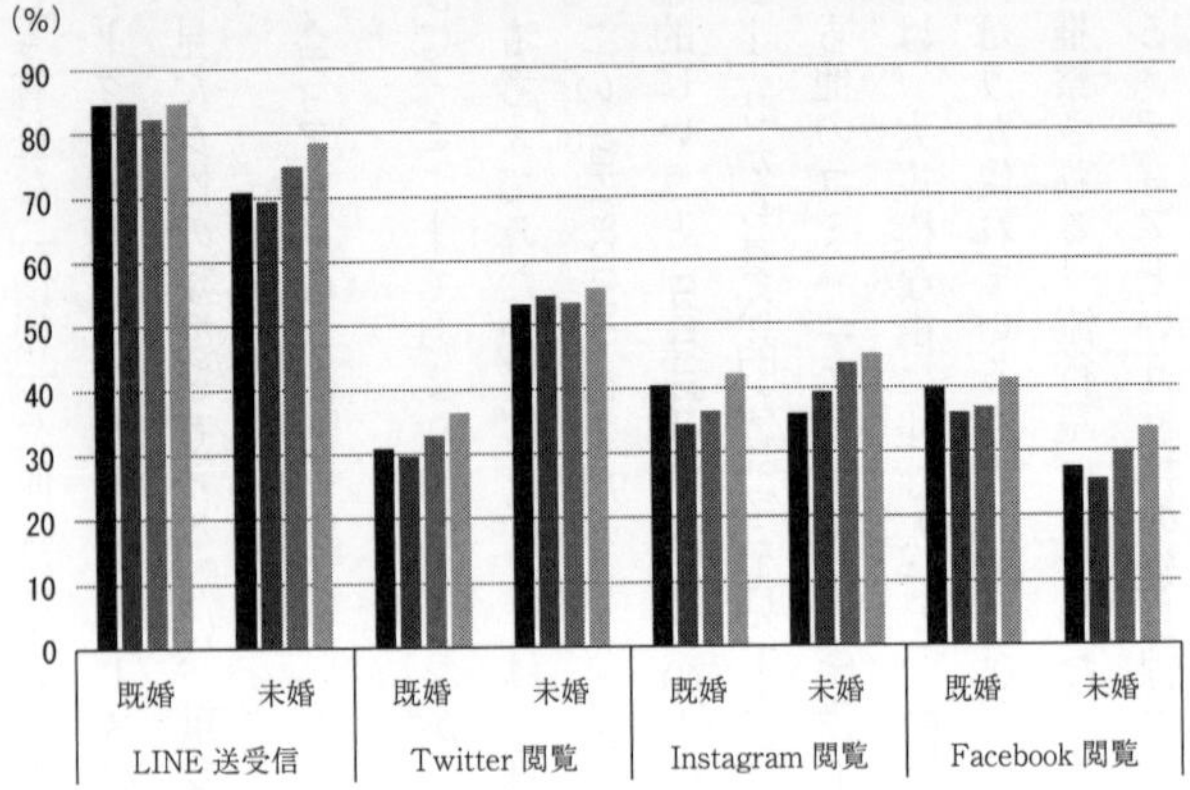

■ 人口密度700人／km² 未満 … 郡部を中心とする地域
■ 人口密度700人／km² 以上3000人／km² 未満…例）茨城県つくば市、埼玉県桶川市
■ 人口密度3000人／km² 以上8000人／km² 未満…例）東京都八王子市、埼玉県戸田市
■ 人口密度8000人／km² 以上…例）東京23区とその周辺地区

資料：カルチャースタディーズ研究所＋天笠邦一＋三菱総合研究所

　また、これまで取り上げてきた二つの軸（オープンかクローズか、情報かステータスか）から考えると、まずオープンかクローズかについては、最も人口密度が低い地域の既婚者の利用率が比較的高いという点から、結婚後の選択できないコミュニティからの影響力を受けやすい、クローズなSNSの傾向が強いといえる。そして、情報かステータスかについては、仲間や友人たちとの消費を伝えるようであれば、それはステータスの

流通につながるし、人脈から切り離された、ただのモノや食べ物の消費を伝えるのであれば、それは情報流通的な側面も持っている。その意味で、Instagramはステータスの流通も、情報の流通も両方行うことができるハイブリッドなメディアであり、それが、一言では語れない個人収入や未既婚・年齢のデータとの関係に表れていたと考えられるのだ。

†SNSから現代女性を理解するための四象限

ここまで、現代社会の四大SNSともいえるLINE、Twitter、Facebook、Instagramの利用傾向から、女性がこれらのSNSで棲み分けを行う際の、軸となる要素について考えてきた。

そのなかで見えてきた一つ目の軸が、ネットワークの構造に関するものである。身を置いている、もしくは身を置きたいと考えているコミュニティが開いた（オープンな）ネットワークなのか、それとも閉じた（クローズな）ネットワークなのかという軸だ。そして、もう一つが、そのネットワークの中を流通するコンテンツの問題。すなわち、つながり・コネクションやそこから派生する自らのステータスを流通させるメディアなのか、それとも情報そのものを流通させるメディアなのかという軸である。

この二つの軸を活用すると、現代女性の「SNSによる棲み分け」を考える上で基盤となる四象限の図を見出すことができる（図表1-4）。つまり女性たちは、大まかにいって以下の四つのタイプに、SNSで棲み分けているということだ。

1 オープンなコミュニティの中でステータスやコネクションを求めるタイプ
2 クローズなコミュニティの中でステータスやコネクションを求めるタイプ
3 オープンなコミュニティの中で情報を求めるタイプ
4 クローズなコミュニティの中で情報を求めるタイプ

本章では、この四つのタイプの女性たちについて、より特徴的なSNSの機能の利用にフォーカスしつつ、その行動や価値観、人間関係まで深堀りをしてみたい。

1のオープン&ステータスタイプの女性としては、Facebookに投稿をしている「Facebook女子」。2のクローズ&ステータスタイプの女性としては、Instagramのストーリー機能を活用する「ストーリー女子」。3のオープン&情報タイプの女性としては、Twitterの検索機能を活用する「検索女子」。4のクローズ&情報志向の女性としては、

オープンかクローズか、情報かステータスか
図表1-4　SNSから現代女性を理解するための四象限

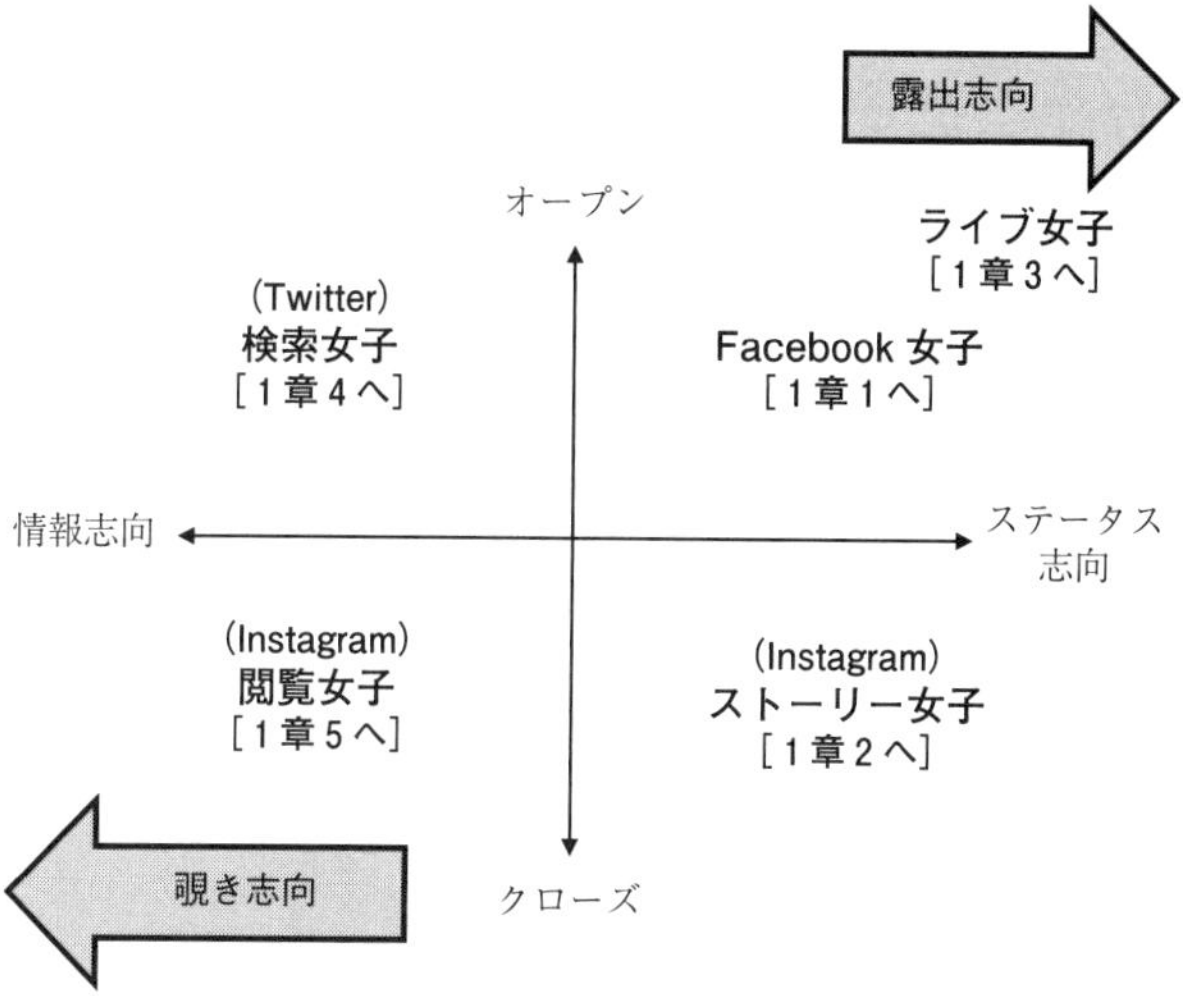

資料：カルチャースタディーズ研究所＋天笠邦一＋三菱総合研究所

Instagramに投稿せず、ひたすら見ているだけの「閲覧女子」。

以上四つのタイプの女性たちを、可能な限り詳しく分析していく。

さらに、少数派であるが極端で興味深い類型として、SNSのライブ配信機能を使って自らをコンテンツに生放送を行っている極度にオープン志向な「ライブ女子」についても分析を行う。

そして、こうした分析の過程で、オンライン上での女性の消費（アプリ利用。第2章）や、価値観に関する分析（第3章）

を担当する三浦さんの「筋肉女子・ボディ系」の議論にも通じる、興味深い現代女性の傾向が見えてきた。

それがステータスを求める上流志向の女性たちに共通する「露出志向」ともいえるメンタリティであり、もう一つが情報を求めるまったり派の下流志向の女性たちに見られる「覗き見志向」ともいえるメンタリティである。これらの現代女性特有のメンタリティの傾向について、SNSの利用の統計的な分析を通じて踏み込んでみたい。

なお、以下で議論するのは各SNS機能の平均的な利用者像とSNS社会そのものである。実際にそのSNSを利用する女性たちを非難したり、過度に賞賛する意図はないものとご理解いただければ幸いである。

1 Facebook 女子——おじさん的ステータスを露出する選ばれた女性たち

ここからは、先に述べた「SNSから現代女性を理解するための四象限」を使って、より特徴的なメディア利用をしている女性たちの姿を追いかけていきたい。

まずは、読者の皆さんにとって一番なじみがあるであろうSNSを取り上げる。Facebookは、つながる相手を選ぶことができる、オープンでステータス志向なSNSだ。このFacebookに「投稿」をして、自らを発信しているのが本書でいう「Facebook女子」である。

†おじさんくさいSNS

Facebookを、「読者のみなさんにとって一番なじみがある」SNSだと述べたのは、インフラ級のLINEを除くと、30代以上の年齢層では、Facebookが最も普及率が高いSNSだからだ。

総務省の情報通信政策研究所が行っている「情報通信メディアの利用時間と情報行動に関する調査」の公表されている最新版（平成29年調査）の結果を見てみよう。20代で最も利用度が高いSNS（LINEや動画サービスなど除く）はTwitterで70・4％、次点がInstagramで52・8％、僅差の3位がFacebookで52・3％となっている。一方、30代で最も利用度が高いのはFacebookで利用率は46・6％、続くのがInstagramで32・1％、僅差の3位はTwitterの31・7％となる。以後、Facebookの利用率は、40代で34・9％、

50代で26・7%、60代で10・5%と減少していくが、主要SNSの利用率№1を維持している。

こうした状況のため、社会人世代の多くの人々はSNSというと、どうしてもFacebookをイメージしてしまいがちだ。しかし、それは決して必ずしも正しいイメージではない。例えば、あくまで参考値だが、私が大学で持っている全学科履修可の一般教養科目の履修者125名にアンケートを取ったところ、Facebookを過去1カ月の間に閲覧したのは1割ほど、投稿したのはわずか2%強であった。

学生たちになぜ使わないのかを聞くと、返ってくる言葉がまた面白い。「おじさんくさい」「海外に留学とかしている意識高い子が使っているイメージ」「使い方がわからない。操作方法がわからないわけじゃなく、何を投稿していいかわからない。結婚・出産しか投稿することが思いつかない」などと散々だ。

「おじさんくさい」などと言われてしまうと認めがたいが(笑)、確かに彼女たちが言うことにも一理ある。私自身のFacebookのタイムラインを見ても、投稿は「自分が関わる仕事の近況報告」「ニュースの共有とそれに対する意見表明」「結婚・出産・育児・転職などのライフイベントの報告」などが投稿の多くを占める。こうした内容は、若い世代、特に女性たちにとってはなじみが薄い、もしくはかかわりが薄いものである。

†Facebookは、「格差」が見えるメディア

そんなFacebookを「あえて」利用しているのは、どんな女子たちなのであろうか。我々が行った調査データを見ていくと、先に述べたように、Facebookは世間で言う「格差」が見えるメディアであるということがわかる。

まず、年収が高い人ほどFacebookの利用率が高いのは、先ほど示した通りである。そして、居住地ごとの利用率を見ても、最も都市度が低い地域で利用率が上がる逆転現象がみられるが、それを除けばおおむね、より密集した都市部に居住しているほうが、利用率が高い。

さらに学歴を見てみると（図表1-5）、既婚者ではおそらく「選択できないつながり」の強制力もあって多少のばらつきがみられるが、基本的には学歴が高いほうが利用率が高い結果となった。図表1-5で示したのは投稿の利用率だが、閲覧の利用率を見ても、既婚者・未婚者ともに四年制大学卒と修士卒がNo.1、2である。こうしたデータを総合すると、「都市部で暮らす高学歴・高収入のバリキャリ＝バリバリキャリアを積んでいる女

四大卒、修士卒はFacebook女子率が高い
図表1-5　学歴ごとのFacebookへの投稿利用率

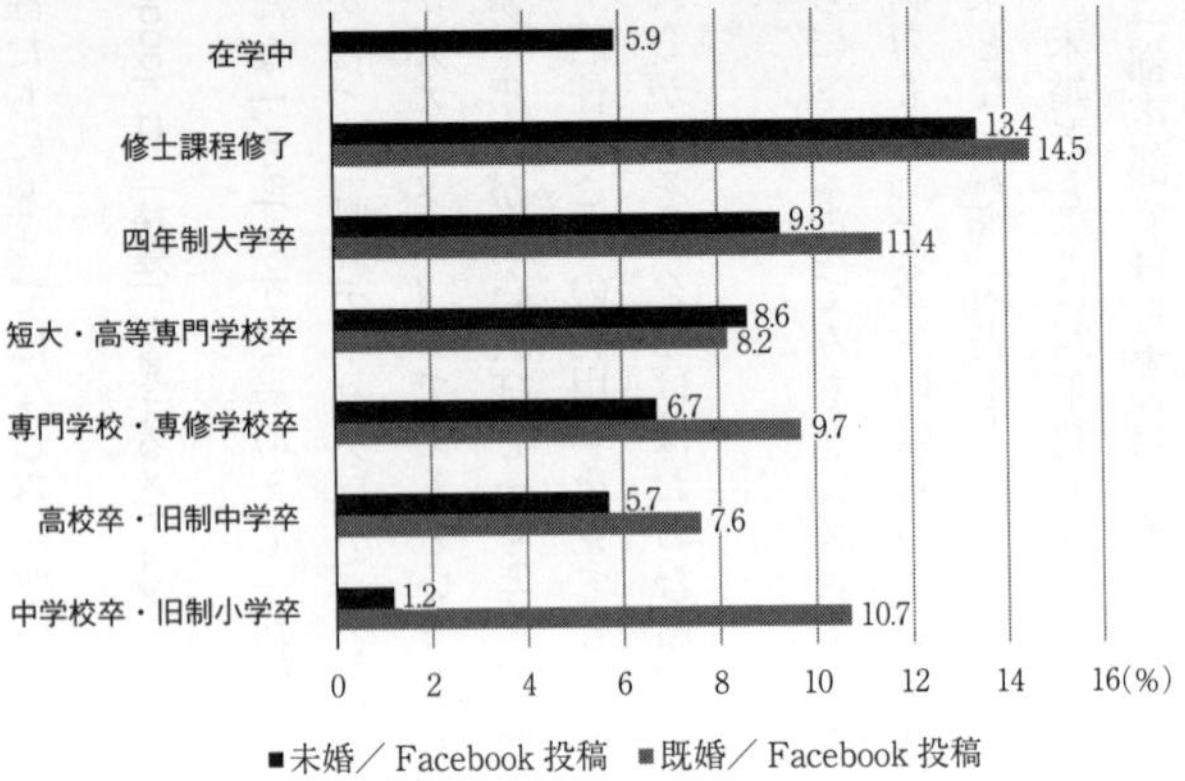

資料：カルチャースタディーズ研究所＋天笠邦一＋三菱総合研究所

性」がFacebookを使っているというユーザー像が浮かんでくる。

†Facebook女子は上流意識が高め

この結果は、Facebook女子の間では自己認識としても共有されている。

図表1-6は、生活の水準の自己認識を聞いた設問の回答を各メディアの利用者ごとに集計したものだ。これを見ると、既婚者の場合、中の上以上だと回答した割合が最も多いのはFacebook投稿者で、全体の回答率が15%弱と低いなか、Instagram利用者からみると4~5ポイント、Twitter、LINE利用者からみると10ポイント以上、上回っている（ちなみに未婚者の場合、生活

Facebook 投稿者の自己認識は「中の上」以上が多め

図表1-6　利用メディアごとの生活水準意識／既婚（%）

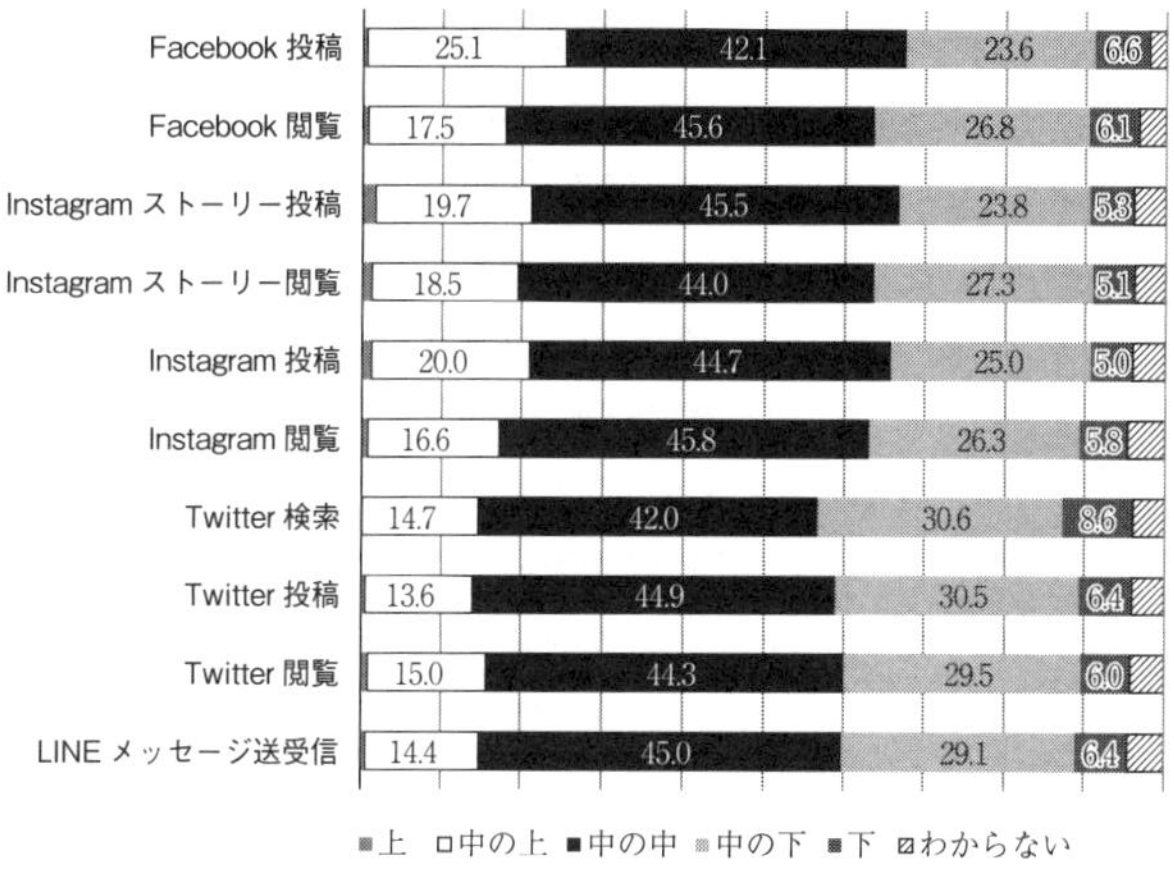

資料：カルチャースタディーズ研究所＋天笠邦一＋三菱総合研究所

水準意識は、Facebook 利用者と Instagram 利用者が、他のメディアと比べて同程度に高い）。つまり、Facebook の利用者は、主観的にも客観的にも上流の傾向が強いのである。

✝永遠の学級委員長としての Facebook 女子

更に興味深いのが、こうした客観・主観両面で「上流」傾向が強い Facebook 女子の利他的マインドである（図表1-7）。

「周囲の人を助けたい、面倒をみたい」と思うかという設問に対して、肯定的に回答した割合は、Facebook 投稿の利用者が最も高く（図

Facebook女子は周りの人を助けたい

図表1-7　メディア利用別「周囲の人を助けたい、面倒をみたい」と思うか／未婚（%）

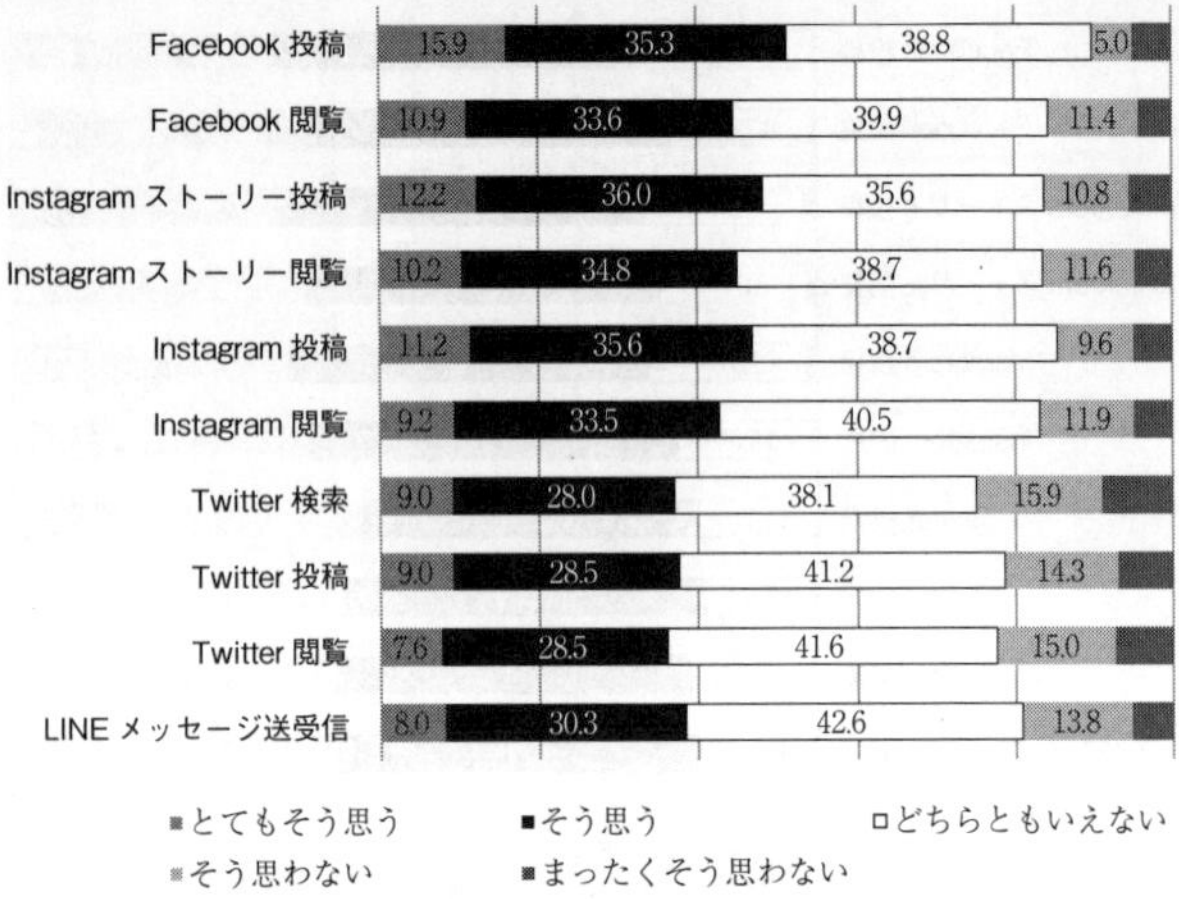

資料：カルチャースタディーズ研究所＋天笠邦一＋三菱総合研究所

は未婚のみだが、既婚者のデータも同様である）、否定的回答をした割合は最も低い。最も利他的な傾向がみられないTwitter検索の利用者（後ほど詳述する）と比べると、未婚者で肯定的な回答は13ポイント強、否定的な回答は15ポイント弱の差がみられる。

Instagramの利用者も全般的に利他的な傾向が強いが、Facebookの特に投稿利用者は、利他性においては、全般的にみて頭一つ抜けていると言っても過言ではないだろう。このようなデータをみると、Facebookをあえて積極的に利用する女子は、ネット上における「学級委員長」的ポジションともいえるのではないだろうか。社会的に認められやすいポジションにあり（学歴が高く・収入も高い）、自らにその自負もある。そして、自分の利益だけにこだわらず、周囲に対しての貢献を怠らない。そんな「正しさ」を身にまとったFacebook女子の姿がこうしたデータからはみてとれる。

Facebook女子が持つ「正しさ」のもう一つの要素として挙げられるのが、「学び続ける姿勢」である。図表1-8は、書籍などで学習するかを問う設問をメディアの利用ごとに得点化したものだが、特に未婚者のFacebook女子は、勉強への取り組みが頭一つ抜けている。子育てや家族のマネージメントなど時間・物理的に学習の継続が難しくなる既婚者においても同様の傾向がみられる。Facebook女子は努力の人なのだ。そして、Facebookは、彼女たちのその努力を可視化し、周囲に示す役割も果たしていると考えられる。

†オープンな世界でのつながり強者

このような立派なステータスを持ち、「正しさ」を身にまとうFacebook女子は、一見、多くのつながりを持っているように見える。しかし、具体的なデータ（図表1-9、1

結婚しても勉強し続ける

図表1‐8　各メディア利用者別「書籍などで学習する」得点

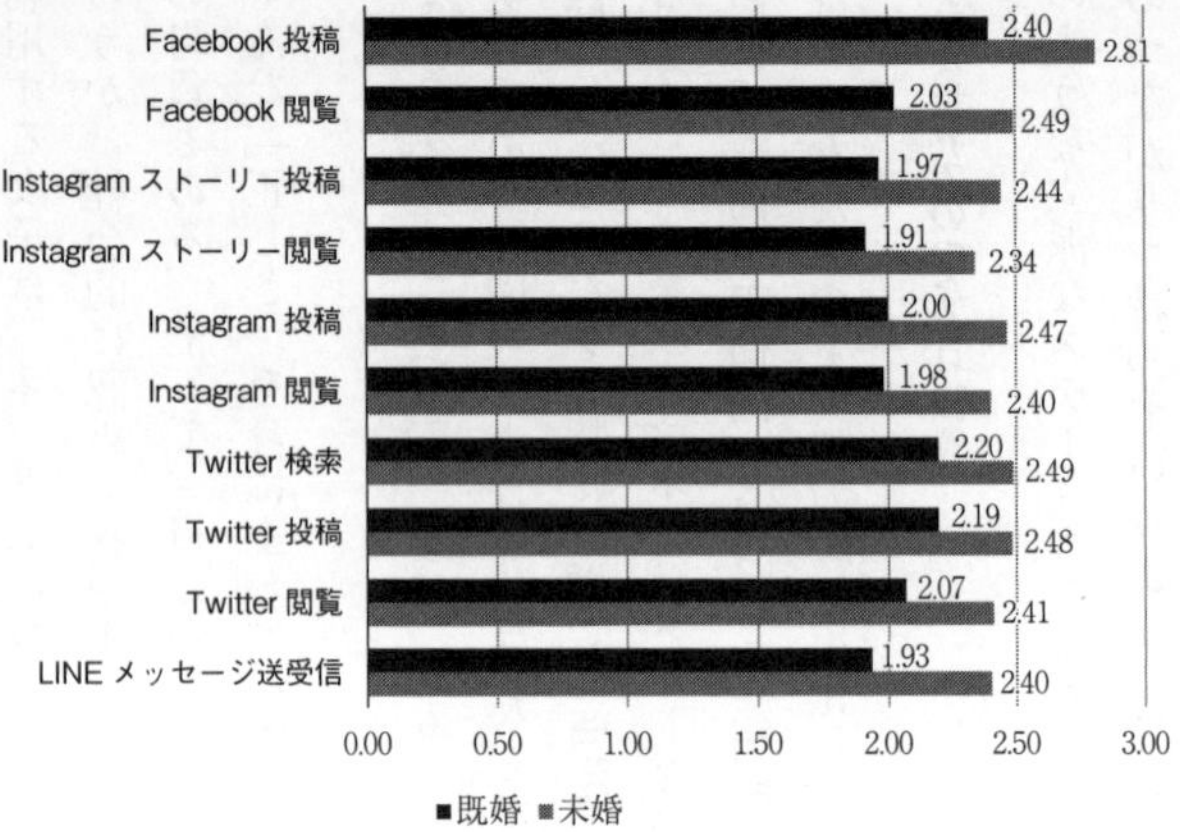

注：あてはまるか問う設問を得点化し、未既婚別の各メディアの利用者ごとに、その平均点を集計した
（あてはまる＝5点、ややあてはまる＝4点、どちらともいえない＝3点、あまりあてはまらない＝2点、あてはまらない＝1点）
資料：カルチャースタディーズ研究所＋天笠邦一＋三菱総合研究所

10」をみると、Facebook女子のネットワークが充実しているのは、オープンな関係性の中で、近しい価値観の人と関係を築くことができるネット上の友人のみなのだ。

　ネット以外の友人関係、例えば、幼馴染や学生時代の友人など古くからのつながりの規模については、Facebook女子は、Instagramの利用者の後塵を拝することも多い。職場のつながりの規模は確かに大きいほうだが、最も多いのは、次の節で紹介するストーリー女子である。より広い意味でつながり強者なのは、むしろ「ストーリー女

ネット上のつながりに比べて対面の人間関係は少なめ

図表1－9　利用メディア別社会的ネットワークの規模（人）／未婚

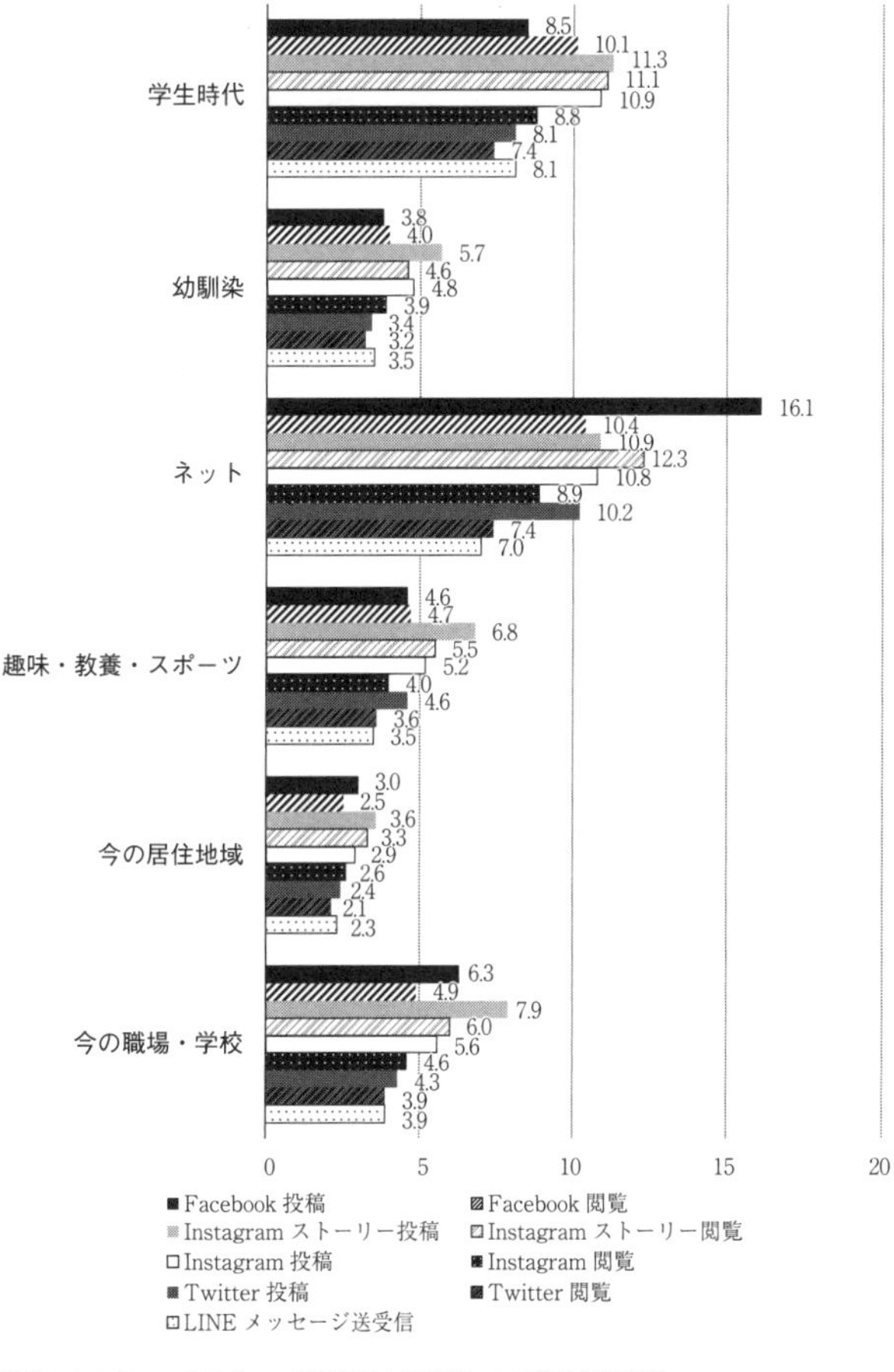

資料：カルチャースタディーズ研究所＋天笠邦一＋三菱総合研究所

既婚者の場合

図表1-10　利用メディア別社会的ネットワークの規模（人）／既婚

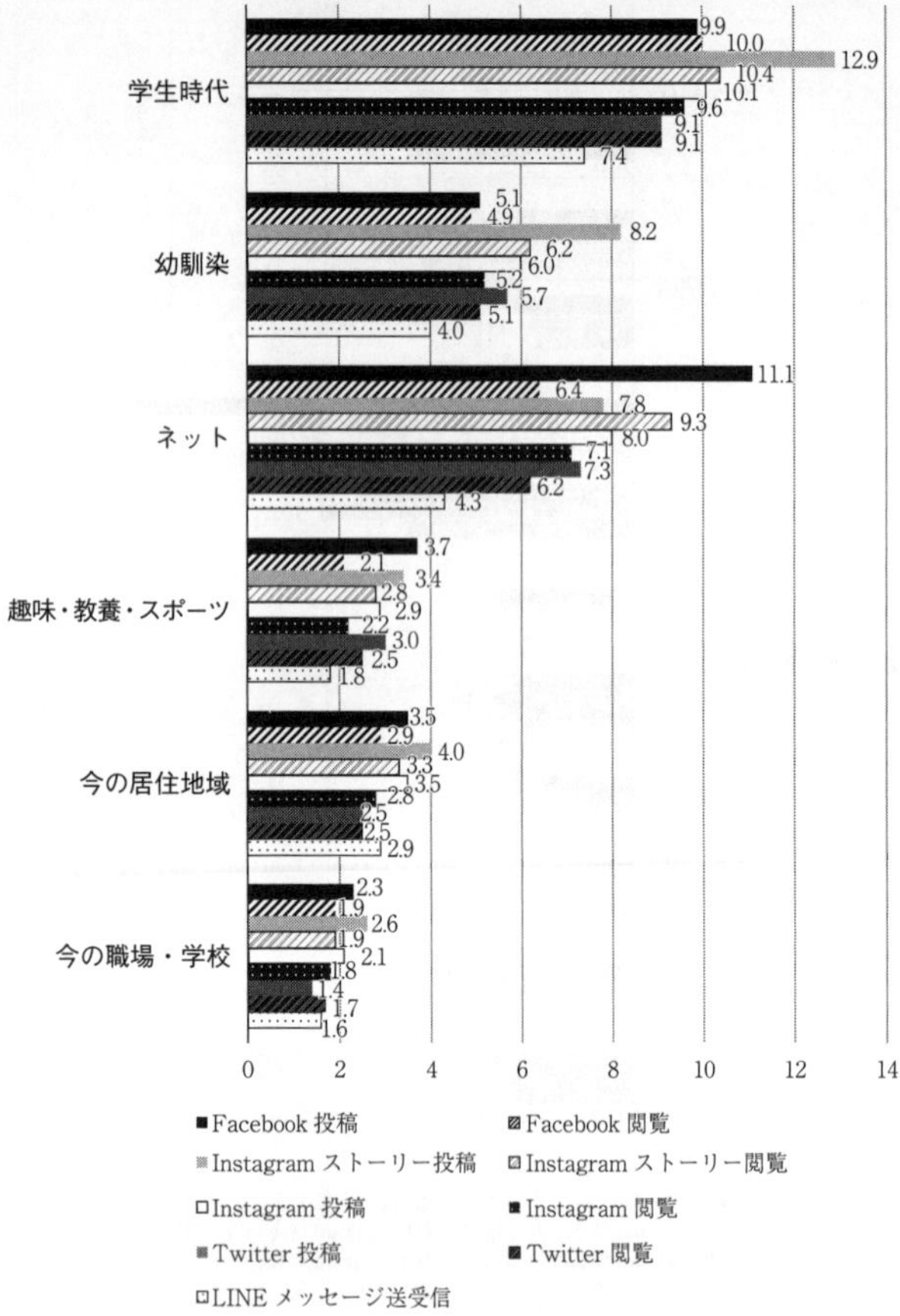

資料：カルチャースタディーズ研究所＋天笠邦一＋三菱総合研究所

子」のほうなのだ。学生の頃を思い出しても、明るくにぎやかな「クラスの人気者」と「学級委員長」は必ずしも同一人物ではなかった。同じような現象がネット上でも起こっている。

†ストレスを乗り越えて成功を目指す

こうしたFacebook女子の「つながり」でもう一つ興味深いのは、Facebook女子がつながりから受けるストレスの強さである。

図表1-11は、仕事上の人間関係/友人との関係からストレスを受けている割合を、利用メディアごとに示したものだ。まず未婚者の傾向をみると、仕事上の人間関係からストレスを受ける割合が最も高いのは、Facebook女子である。この傾向は、ストレスが全般的に低い既婚者でも同様にみられる。では、なぜFacebook女子は人間関係からストレスを感じやすいのだろうか。

通常、ストレスを感じるものからは、人間は離れる選択をする。つまり、ストレスを感じ続けているということは、ストレスを感じてもあえて離れない選択をしているということだ。

仕事上の人間関係からストレスを受けやすい

図表1-11　メディア利用別・ストレスの原因：仕事上の人間関係

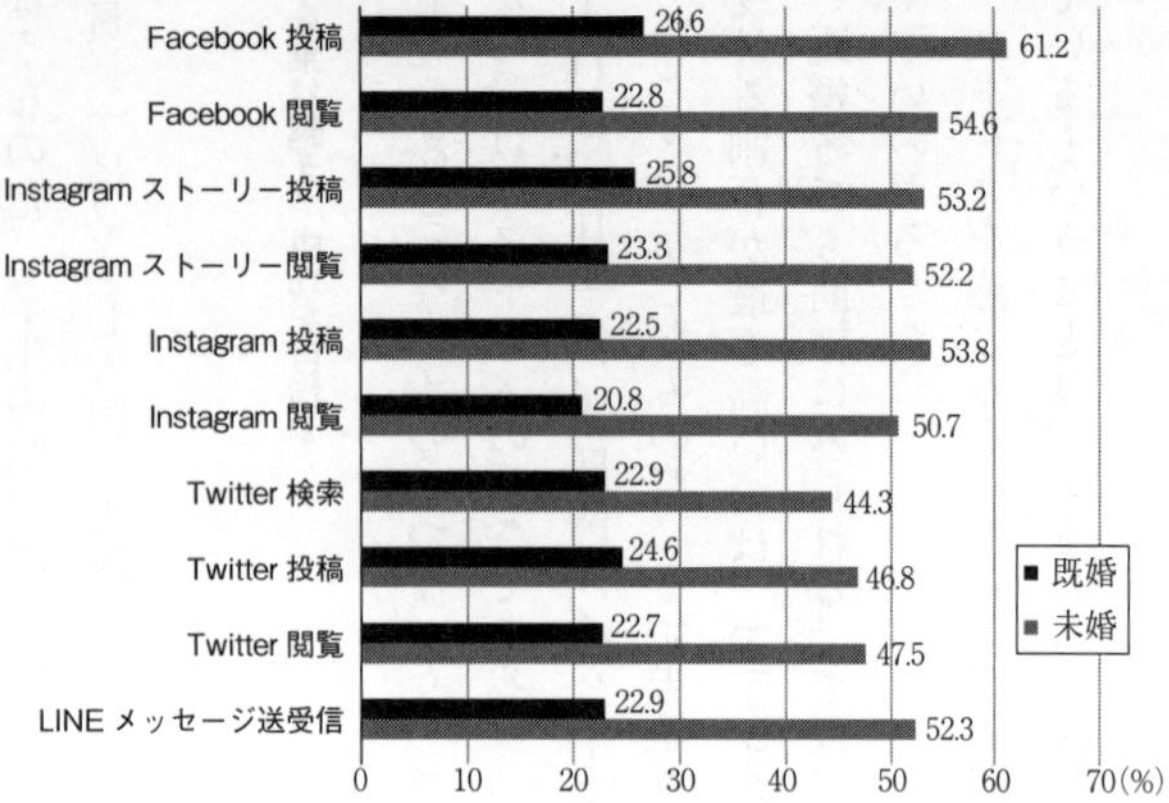

資料：カルチャースタディーズ研究所＋天笠邦一＋三菱総合研究所

その意味で面白いデータがある。未婚に限定したデータであるが、Facebook女子は「会社に忠誠心を持って仕事をする」という設問に肯定的な回答（あてはまる＋ややあてはまる）をした割合が、34・3％であった。同じ設問で、次に肯定的な回答が多いのは、Instagramの投稿者で24・8％であり、未婚のFacebook女子は10ポイント近く肯定的な回答が多い。

ここでも、Facebook女子の優等生的側面がみてとれる。つまり、自分が所属する組織に対しては誠実であり、その中でストレスを感じつつもそれを乗り越えて、成功や貢献を果たそうとするのだ。Facebook女子は、家庭外の社会に埋め込まれる傾向が強い。ただし、その中に埋もれず、社会に埋め込まれることを通じて、より普遍的な価値や能力を求めようとする。そんなFacebook女子にとって、自分のアイデンティティを表現するためには、たとえストレスを感じたとしても会社や仕事における人間関係が必要不可欠だと考えることもできる。

†ネット上のつながりはキャリアアップのためのコネクション

こうした彼女たちの優等生ぶりを考えると、インターネット上の人間関係が大きいのは、逃れられない人間関係からの逃避先ととらえるよりも、もっと前向きな理由と考えるのが自然であろう。

この「前向きな理由」を考える上で興味深いデータがある。未婚のFacebook女子は、「自己の能力向上が図れる仕事をする」という設問に対して、40・2％が肯定的な回答をしている。この数値は、他の主要メディアの利用者と比べて非常に高く（次点が、Instagram投稿者の30・0％）、自らのキャリアアップに貪欲なFacebook女子の姿がみてとれる。

こうした文脈からは、インターネット上のつながりも、このようなスキル・キャリアアップの機会を提供するコネクションとしてとらえているのではないかという推測が成り立つ。特に未婚のFacebook女子にとって、インターネット上のつながりは、豊富な情報と機会を提供する「弱いつながり」（社会学では、弱いつながりのほうが情報流通能力に優れ、機会提供に優れているとされている）として機能しているのではないだろうか。

†「おじさん」的正しさを獲得し、消費する

ここまで、あえて若い女性の中では少数派であるFacebcokに投稿をする女性をFacebook女子と名付け、彼女たちの特徴を細かく述べてきた。

そのなかで見えてきたのは、努力を積み重ね、成果を上げてきた自らに自信を持つ女性の姿である。彼女たちが求めるのは、積み上げた努力の結果、作り上げたステータスを周囲から評価されること、そしてその評価がさらに次のよい評価につながることである。このような自己の評価につなげるために、正しい自分と、その正しさや社会的信用につながる現在の自分のステータスを、たくさんの評価者がいるFacebookにあえて「露出」するのである。

Facebook女子たちは、自分が所属する組織や社会集団の中で築き上げてきたステータスを、Facebookでの露出を通じて、特定の社会集団に帰さない普遍的な価値に高め、消費しているのだ。

このように考えると、多くの、特に女性たちにとってFacebookが縁遠い存在であるのも頷ける。Facebookを使うためには、タイムラインを流れるまぶしい投稿に負けないステータスを持ち、そして努力をし続け、おじさんたちが作り上げてきた、男性社会的な「正しさ」を獲得しなければならないのだ。

「正しさ」は、社会に秩序をもたらすためには必要な価値かもしれない。しかし、正しさを主張すればするほど、それが得られない人は増え、そして、その人たちは「正しさ」から離れていく。アメリカのトランプ大統領が生まれた背景に、アメリカ国民の「ポリティカル・コレクトネス（政治的な正しさ・妥当性）」に対する忌避の心理があったと言われる。他国と比べて日本でFacebookが普及しないのは、こうしたFacebookを利用する人々の間に埋め込まれた「正しさ」（アメリカとは質の異なる、おじさん的な）からの逃亡があるのではないだろうか。

学生たちが「何を投稿してよいのかわからない」と言うのも、このようなFacebookが持つ文化が起因しているものと考えられる。

2　ストーリー女子――「今」を露出し、答えを探さずつくる女性たち

続いて取り上げるのが、Instagram でストーリー機能を投稿利用する「ストーリー女子」だ。クローズな社会集団の中でステータスを発信している女性たちである。Instagram と聞いた時点で「インスタ映《ば》えしか知らない」という読者の方もいるだろうし、「ストーリーって何？」という方もいるだろう。そこで、まず若い女性たちの間での Instagram の使われ方と、Instagram のストーリー機能について簡単にまとめたい。その上で、ストーリー女子とはどんな価値観やライフスタイルを持つ女性たちなのか、議論を行う。

†「映え」系と「ウェイ」系の違い

Instagram は2010年にサービスが開始されたSNSで、特徴は「写真（画像）」が

ないと投稿できないという点だ。元々は、ＳＮＳというよりも写真の加工アプリケーションであり、その加工した写真を共有するためのプラットフォームだったといえる。

２０１４年に日本語版がリリースされ、日本においてはそこから急激に普及した。２０１７年には、「インスタ映え」が新語・流行語大賞を受賞し、さらに認知度が高まったといえる。しかし、この流行語大賞の受賞のせいで、「Instagram といえば「映え」でしょ」という雰囲気が広まってしまった。しかし、実際に利用しているとわかるのだが、Instagram には、おいしそうなパンケーキや、辺り一面に咲き誇るネモフィラの写真とい

Instagram 内で話題のイベント、カラーラン（色とりどりの粉を浴びながらランニングする）に参加した際の１枚。

友人の誕生日を祝うために、皆でディズニーランドに行った際に記念撮影。上の写真も下の写真も「その場のノリ」を感じさせる「ウェイ系」の投稿である。（どちらも学生提供）

った「インスタ映え」する写真ばかりが投稿されているわけでないのだ。

では、他にどういう写真が投稿されているのだろうか。私は次に多いタイプの写真を「ウェイ系」と呼んでいる。典型的なのが、例えば「みんなでディズニーランドに来ました！　ウェ〜イ！　パシャ！」といったような、友だち同士で何かしらのレジャーを行った後に、そのメンバー全員でノリを合わせて自撮りをしたような写真である。昔なら、プリクラをみんなで撮りにいった、そんな時の写真といえるだろうか（55頁画像）。

このような写真は、多くの場合、写っているメンバーがよりかわいくなるように加工してから投稿するが、その際の投稿基準は明らかに「インスタ映え」とは異なる。インスタ映えを狙う写真は、流行っている観光や消費体験を追体験し、その成果として、ある程度普遍的な美しさを強調して撮影されることが多い。しかし、ウェイ系の写真はあくまで「そのメンバーと楽しい経験をした記念」なので、一般の人に「きれいだね」と言われる必要は、極論をいえばないのだ。

†24時間で投稿が消える

このウェイ系の写真を考えるときに重要なのが、「ストーリー機能（正式名称／ストーリーズ)」である。ストーリー機能は、Instagramには２０１６年に実装された。画像や映像・文章を投稿し、それを登録された友人たちが見るという点では通常のＳＮＳと変わらない（左画像）。異なるのは、ストーリー機能への投稿は、蓄積される通常の投稿とは別に管理されること。そして、その投稿は、投稿から24時間経過すると自動的に他者の閲覧画面から消滅することである。

こうした一定期間後に投稿が消えるＳＮＳは、「エフェメラル系」と呼ばれている。

ストーリーの閲覧画面。基本は動画で、上部に再生箇所を示すバーがある。動画（又は写真）の上から、その状況を表す文字を書き込む。投稿すると、誰が見たか、いいねをくれたかがわかる仕組みになっている。（筆者提供）

元々海外の若者の間でsnapchatというSNSが流行したことで、一般的になったSNSの形態だ。日本ではsnapchatはあまり流行らず、元々流行していたInstagramの中にこの消える機能＝ストーリーが組み込まれたことで一般的に利用されるようになった。

「エフェメラルephemeral＝一日限りの、儚《はかな》い」という言葉からは、どうしても「消えてしまう」というイメージが強調されることになる。しかし、ストーリー機能の本質は「消えてしまう」ということにはない。むしろ、普通であればあっという間に過ぎ去ってしまう「今」という時間を、1日もの長きにわたって拡張することがストーリー機能の本質である。

†「今」を拡張するストーリー機能

例を挙げて考えてみよう。例えば、TwitterでAさんが「Bとカラオケで熱唱！　楽しかった。」とつぶやいたとする。それを見たAさんの友人たちは、盛り上がっているAさんの気持ちに共感して、投稿から数時間であれば「いいね」を気兼ねなくつけるだろう。しかし、日が変わったらどうだろう。すっかり落ち着いたAさんの投稿に改めて「いいね」をつけるのは、なんだか気が引けてしまうという人も多い。

メディアを通して、ノリを共有する・盛り上がるためには、時間を共有すること（＝同期性）が重要な要素となる。この同期を実現するのが、通常のSNSでは非常に難しい。ノリや盛り上がりを共有したくてSNS上に情報を投げても、偶然、投稿に近いタイミングでSNSを見た数人の友人にしか、それは共有されない。むしろ冷静になると「サムい・恥ずかしい投稿」として、自らの投稿一覧に残ってしまう。

†報われるSNSと報われないSNS

通常のSNSでノリや盛り上がりを共有するのは、効率も悪くリスクも高いのだ。その意味で、既存のSNSは投稿した自らの努力が報われにくいものだということになる。

一方、1日の間、投稿した「今」が続くストーリーでは、オフィシャルに「ノリや盛り上がりを共有してもよい」時間が24時間確保されており、反応する側としては、その間は安心してノリや盛り上がりを共有しリアクションできる。さらに、それを過ぎると自動的に消えることから、あとから見返して恥ずかしくなることもない。

こういった点により、ストーリーでは、より多くの人とノリや盛り上がり（ウェ～イな感じ）を共有し、リアクションを貰える。先ほど述べた「ウェイ系」の写真や動画を多く投稿する仲間内でのノリや盛り上がりを重視するSNSのユーザーにとっては、報われやすく、気軽に自らを露出しやすいSNSだといえる。

以上のような特徴があるため、Instagram のストーリーは、身内感を重視した（クローズなコミュニティで利用される）、ステータス（誰とどのような時間を過ごしたのかを記録・表現する）の発信メディアになりやすいという特徴を持っている。以下では、このような特徴を持ったストーリーをフルに活用している女性たちの特徴を詳細に描き出してみたい。

†「中流」な若者向けコミュニケーションツール

Instagram のストーリーを利用するストーリー女子には、Facebook 女子のような格差や上流感は見えない。あるのは若さとポジティブな「中流感」だ。

具体的な数字を見てみよう。今回の調査での Instagram のストーリーの利用率は、閲覧で20・9％、投稿で9・7％であった。20～39歳の女性のおよそ5分の1がストーリーを利用し、およそ1割がストーリーに投稿していることになる。

さらに細かく世代別にみると30歳以下の利用率が顕著に高く、さらに既婚者のほうが、利用率が高いこともわかる（図表1-12）。Instagram のストーリー機能は、まずは若者の

ストーリーは既婚・20代の利用率がもっとも高い
図表1-12　Instagramストーリー利用率／年齢・未既婚別

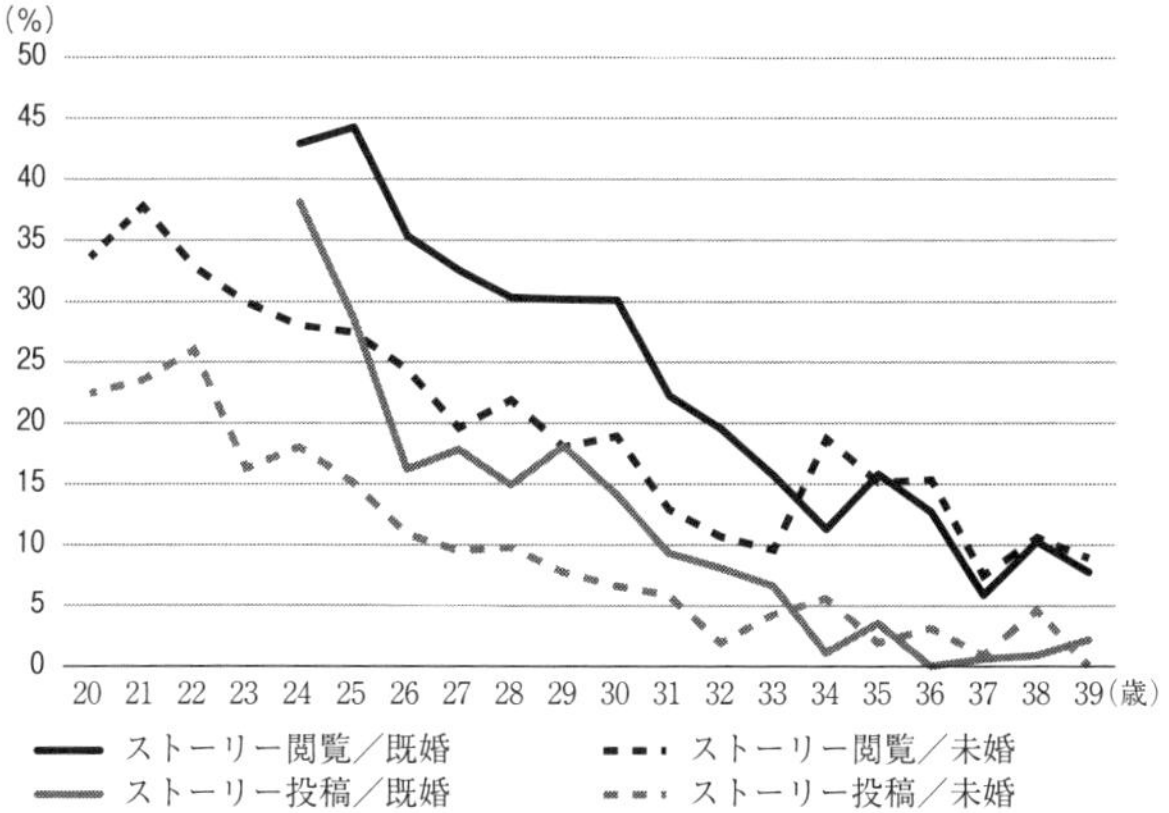

資料：カルチャースタディーズ研究所＋天笠邦一＋三菱総合研究所

メディアなのだ。既婚20代の利用率が最も高いことから、比較的若くして結婚する外交的な女性が積極的に利用するツールであると考えられる。

次に、収入や学歴などの格差に関するデータを見てみると、学歴が高いほど、個人収入が高いほど利用率が高くなるような明確な傾向はみられない（ここでは紙面の関係上、詳細なデータは割愛する）。むしろ、学歴であれば専門卒・短大卒・四大卒、個人年収であれば200〜400万円あたりの「中間かそれよりも少し上」の層において、利用率が高くなる傾向がみられる。

この状況は、自己認識にもポジティブ

未婚者にとっては都会のメディア
図表 1-13　居住地の都市度別ストーリーの利用状況

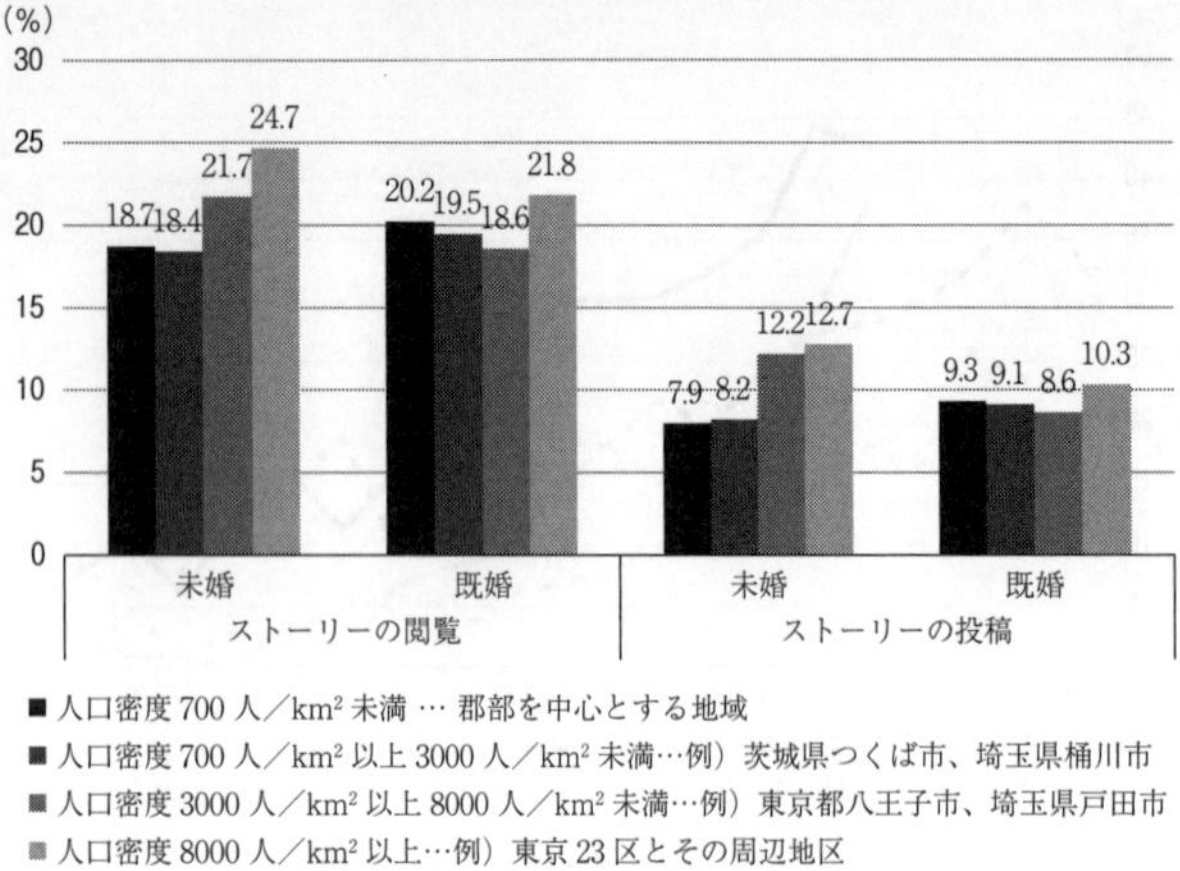

資料：カルチャースタディーズ研究所＋天笠邦一＋三菱総合研究所

に表れている。先に示した図表1-6（43頁）を見てもわかるように、ストーリー女子の自らの生活水準認識は、Facebook 女子ほど、顕著ではないが、そのFacebook 女子についで認識が高い。しかし、「上流」であるという認識より、むしろ「中流」であるという認識が強い印象だ。ただ、不安定化が進む現代社会においては、「中流」と認識できるだけでも「上流」志向だと考えられる。ストーリー女子の中流は、ポジティブな中流感なのだ。

†未婚者にとってはコト消費のためのツール

もう一つ、ストーリー女子の基本的

な属性のデータとして、居住地に関するデータをみてみたい（図表1-13）。これをみると、未婚者と既婚者で明らかに傾向が異なる。すなわち、未婚者にとってストーリーは都会的なメディアであるが、既婚者にとっては、あまり地域差が生まれないメディアであるといえるのだ。

このような結果からは、未婚者にとってストーリーは、都市のほうが優れているモノ、すなわち質の高い消費（モノだけではなく、コト消費も含む）をサポートするツールになっていることが推察される。また、既婚者にとっては、やはり地方のほうが強い「選べないコミュニティ」とのつながり（親族や近隣との関係）を維持するためのツールとなっているのではないだろうか。

†リアルの覇者としてのストーリー女子

続いて、もう少し踏み込んで、先に上げた図表1-9と1-10（47頁）から、ストーリー女子たちのライフスタイルや人間関係について分析をした結果を紹介する。この分析からみえてきたのはストーリー女子たちの「リアルの充実＝リア充」ぶりである。

まず、未婚者のデータをみるとストーリー女子は、今の職場での友人の数が他のメディアの利用者と比べてかなり多い。また、趣味関係の友人数も他のメディアの利用者と比べて、頭一つ抜けている。職場・学校と趣味という、未婚女子のライフスタイルの中で大きなポジションを占める二つの人間関係において、華やかな環境にいるのがストーリー女子なのだ。

一方、既婚のストーリー女子は、学生時代・幼馴染の友人数が群を抜いている。人間関係が縮小するといわれる結婚後も、学生時代や幼馴染などの昔築いた人間関係を、ストーリーなどを駆使しながらSNSでメンテナンスして保っているのが、既婚のSNS女子であると考えられる。また、都市度が低い地域で既婚者のストーリー利用が多いことを考えると、結婚して地元で家庭を築いた女性たちが、地元のコミュニティに戻り、SNSを活用してそれを維持しているという流れも推測できる。

いずれにしても、ストーリーというのは「対面的な（閉じた）人間関係」に関係しており、ストーリーで積極的に発信する人は、そういったリアルな世界の、俗にいう（現代的な価値観の中での）「勝ち組」だということができるだろう。

†リアルなコミュニティで幸せを感じる

未婚のストーリー女子は寂しがり屋

図表1-14 ストーリーの利用と孤独感得点

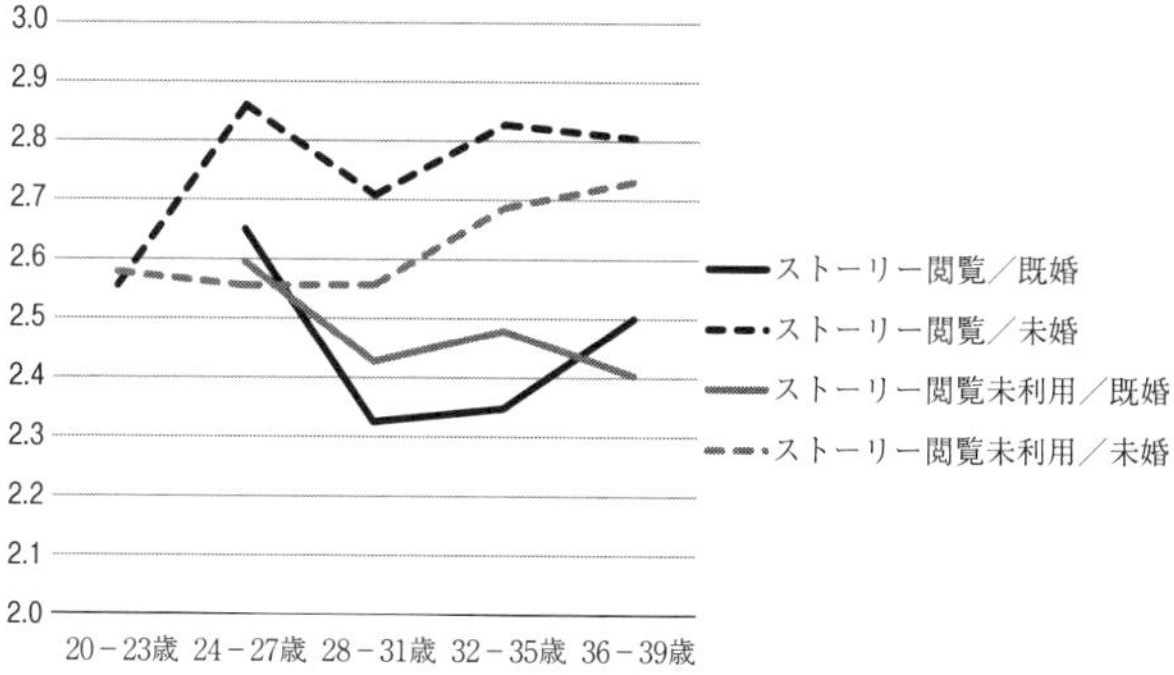

注：孤独感を感じるかを問う設問を1～5点で得点化し、未既婚別の各メディアの利用者ごとに、その平均点を集計した
資料：カルチャースタディーズ研究所＋天笠邦一＋三菱総合研究所

しかしながら、ストーリー女子たちは、何の代償もなく勝ち組になれているわけではない。特に未婚のストーリー女子たちは、詳細なデータは紙幅の都合により割愛するが、仕事上の人間関係や友人との関係から感じるストレスが、すべての年齢層で、ストーリーの未利用者よりも高いのだ。

実は、図表1-14を見てもわかる通り、未婚のストーリー女子は「寂しがり屋」なのだ。だから、たとえストレスであっても、仕事や友人との関係を求めてしまう。ストーリー女子はそのような対面のリアルなコミュニティの中に埋め込まれてはじめて、自らのポジションを得られるタイプの女性たちであるといえる。ストーリーを通して、仲間や友人たちとの「楽しかった経験」をあえて露出し、華やかな暮らしや人間関係を他の人に認めてもらい、共有することで、自らの仲間内でのポジションや、ステータスを確認し、自らの居場所を得ていると考えられるのである。

一方、興味深いのが既婚のストーリー女子たちだ。彼女たちは、人間関係から感じるストレス、孤独感も、他の女性たちと変わらないか低くなっている。家庭という絶対的な居場所がある上での自己表現や露出は、逆に関係性を安定させると推察される。

最後に、ストーリー女子の価値観の一端をみるために、「日本の向かっている方向」に関する設問の回答の傾向もみてみよう（図表1-15、1-16）。これをみると、ストーリー女子は未婚、既婚とも「悲観的でない」ことがわかる。「悪い方向に向かっている」と回答した利用者は、未婚のストーリー投稿利用者で24・8％、既婚のストーリー投稿利用者で18・0％であり、後に述べる検索女子が悲観的なのとは（未婚では36・1％、既婚では34・3％）対照的だ。

†自分を露出し、正解を作る。私が答えのストーリー女子

ここまで「消える＝同期する今を拡張する」エフェメラル系メディアの代表格であるス

ストーリー女子は日本の未来に楽観的

図表1-15　日本の向かっている方向×メディア利用／未婚

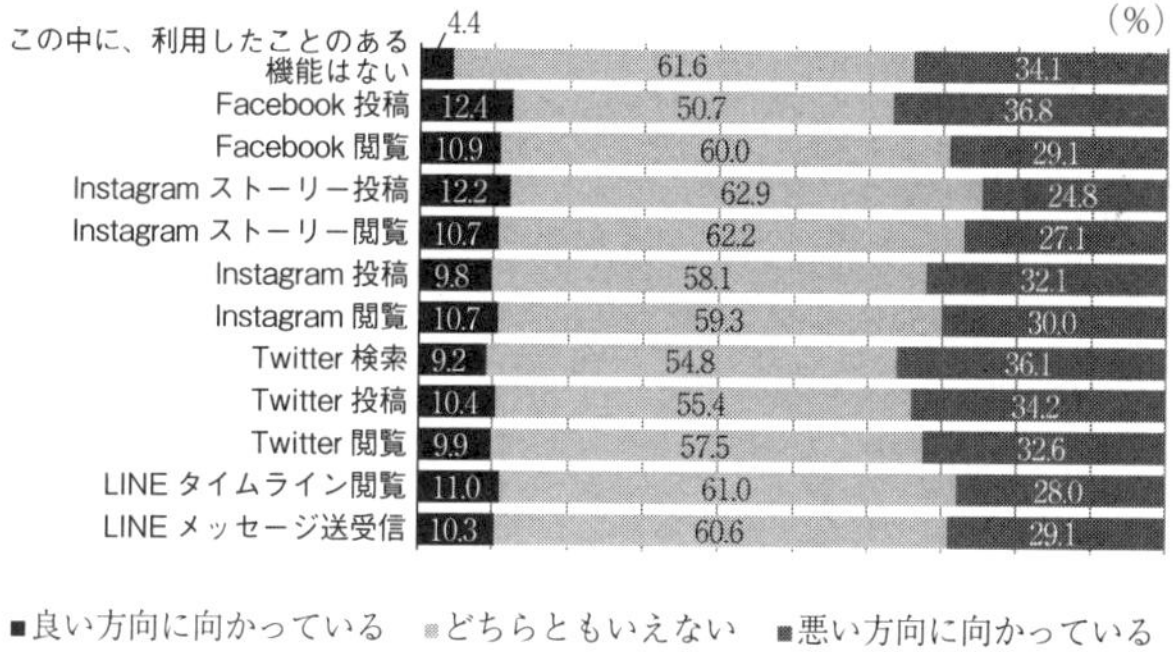

図表1-16　日本の向かっている方向×メディア利用／既婚

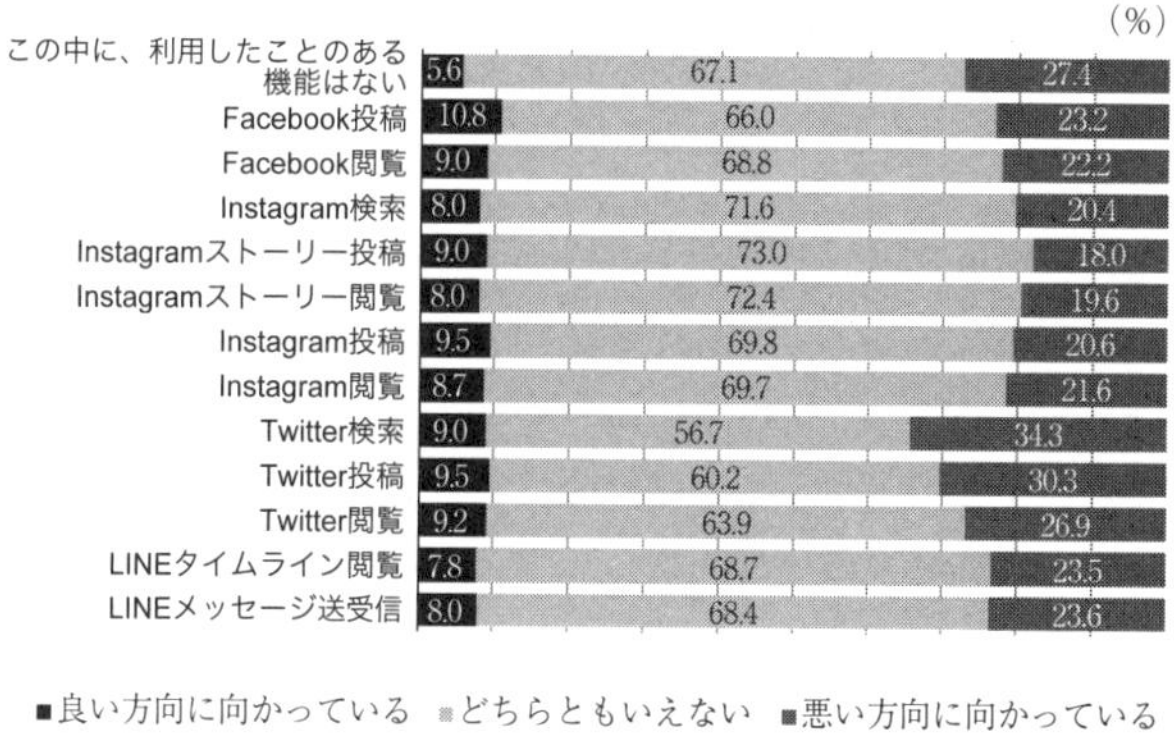

資料：カルチャースタディーズ研究所＋天笠邦一＋三菱総合研究所

トーリーを利用する女子たち（ストーリー女子）が、どんな人々なのかを分析してきた。

そこで見えてきたストーリー女子は、マクロでみると「中流の女性」だ。しかし、その中流の中でも活発で社交的な性質を持ち、世の中に対する明るい認識を元に、メディアで積極的に自己表現とステータスの露出を行う女性たちであり、対面的なコミュニケーションも活発化させている積極的な、上流志向の強い人々である。

彼女たち（＝ストーリー女子）が利用しているスマートフォンアプリをみると、そんな彼女たちの性質がさらによく見えてくる。

例えば、マッチングアプリ（69頁、コラム1参照）の利用である。元々全体での利用率は高くないが、ストーリー女子（閲覧）は未婚者が5・3％（ストーリー閲覧未利用者は1・6％）、既婚者が1・8％（ストーリー閲覧未利用者は0・5％）利用しており、いずれも未利用者の3倍以上の利用率である。こうしたデータからは、一部のストーリー女子の「肉食傾向」もみてとれる。

また、ルナルナなどの生理管理アプリの利用率も、未婚30・4％／既婚34・9％で高く、自己に対する意識の高さもみてとれる。

図表1-8からも読み取れるように、ストーリー女子は、勉強はあまりしない。知識で

自分の存在を確かめることはしないのだ。自らは何者なのかという答えを探すのではなく、その代わり高い自己意識を対外的なコミュニケーションの中で表現し、その答えを社会的な関係の中で暫定的に作り出し続けている。

ストーリー女子は、インスタを片手に「私はこうだ！」という答えをつくり、現代社会を生き抜くサバイバーなのである。

コラム1 マッチングアプリ（Tinder）とは（天笠）

マッチングアプリとは、男女の出会いをサポートするアプリのことで、今回の調査の中での利用者は1・6％（5442人中89人、未婚者2・4％／既婚者0・8％）だった。男女の出会いのサポートという目的を書くと、なんだか怪しくて危険なにおいのする「出会い系」という言葉が思い浮かぶ方もいるだろう。しかし、現在流行しているマッチングアプリにはそれほど暗い雰囲気はない。これには二つの理由がある。流行のきっかけとなった、アメリカ製のTinderというアプリを例にみていこう。

Tinderの操作画面

まず、流行した一つ目の、そして最大の理由はその手軽さである。Tinderの場合、検索する（地域を絞ることも可能だ）と上の画像のように男性の顔写真が表示される。それを見て「アリ」なら右にスワイプ（スマホの画面をなぞる）、「ナシ」なら左にスワイプする。男性も同じ行動を行っており、双方「アリ」だと、マッチングが成立して互いにメッセージが送れるようになる。この人大丈夫かな……とか難しいことを考えず、とりあえずマッチングだけは、非常に簡単な動作で行うことができるのだ。スワイプをしないと次の男性の顔写真は出てこない仕様になっており、その仕組みがより気軽な「アリ／ナシ」の判断を促している。

私は、女子大の教員という立場上なかなか試すことができないが（笑）、利用している学生やOGたちの話を聞くと、真剣にマッチングを狙うケースもあれば、飲み会などでアプリを起動し、「イケメン品評会」だけ開催して（「神々の遊び」というらしい）、それ以降は利用しないといったような利用の仕方も多いようだ。

二つ目の流行の理由は、FacebookやInstagramとの連動である。連動させずアカウントを作ることもできるが、他のSNSと連動させているユーザーも多く、これが「身元」の安心感につながりやすい。学歴や勤務先なども、SNSと連動すると通常よりも信用度が高くなる。過去の履歴まで偽装するのはなかなか難しいからだ。

いずれにしても、インターネット上の出会いは、こうしたマッチングアプリの登場により、以前よりもはるかに気軽で身近なものになってきている。

3　ライブ女子――突き抜けた露出の先にうまれる「プチ教祖」

ここまで、ステータスの表明、露出タイプの「Facebook女子」と「ストーリー女子」について分析を行い、それぞれのライフスタイルから、彼女たちがメディア上に自らを露出する理由について考えてきた。

この節では、「露出する女子編」の締めくくりに、インターネット上のサイトで自分が出演する生放送の（ライブ）映像を配信する「ライブ女子」について考察する。冒頭で提示した現状のメディアにおける四象限を越えた究極の自己露出――ライブ配信を行う女性たちのことだ。今回の調査では少数派（2・6％、5442サンプル中140名）だが非常に特徴的な価値観を持っており、目新しく面白い分析になるはずだ。

†かっこいい女子×ライブ配信

というわけで50人に1人程度の「レアさ」を誇り、なかなかイメージをつかみにくいライブ女子であるが、実は身近に「先生、私ライブ配信やっているんですよ！」と教えてくれた（ありがたい）学生がいたので、彼女から聞いたライブ配信の実態についての話を最初に紹介したい。是非、おぼろげでもライブ配信に関するイメージを膨らませていただきたい。

話を聞かせてくれたUさんは、茶色（ブラウン）にきれいに染められた真ん中分けの長い髪が印象的な、会う人に快活な印象を与える女子大生だ。髪をかき上げる動作も似合う、人によっては「かっこいい」というふうに言われることもあるタイプだと思う。都内のアミューズメント施設でアルバイトをしており、サークルはインカレのダンスサークルに入っている。活動的なタイプの女性である。

†ネット上の「流し」

そんな彼女は、高校生の時からライブ配信を利用していたそうだ。どんなことをインターネットで映像・ライブ配信していたかといえば、歌や踊りだ。顔を隠してアニメソングを歌ったり、初音ミクなどのボーカロイドの楽曲の振り付けを踊ったり、ダンスに本気なところを見てほしくて自分のダンスレッスンの様子を配信したりしていたそうだ。ライブ配信の世界でいう「踊ってみた・歌ってみた」というジャンルだ。

彼女の歌や踊りが上手いというのもあるのだろうが、見に来てくれる常連さんもいるようで、配信しているプラットフォームによっては「投げ銭」システムというものがあり、チップをくれる人もいたという。ちょっとしたお小遣いくらいにはなるんですよ！　と明るく教えてくれた（共著者の三浦さんにこのエピソードを話したところ、「ネット居酒屋の流しだね」と一言）。そんなネット上での活動が実り、最近ライブハウスでのリアルライブデビューをしたそうだ（「ライブ本当に楽しかった！」と笑顔で私に語ってくれた）。

彼女曰く、ライブ配信の使い方としては彼女は多数派ではなく、今は友だちの家に遊びに行ったときに、来られなかった友達を招いてライブ配信したりするほうが一般的じゃないですかね、とのこと。彼女のような才能や能力を生かした「パフォーマンス」だけではなく、「空間のおすそわけ」のような使い方も、多くされているようだった。

†社会的には安定しているライブ女子の「ヒーロー（ヒロイン）志向」

さて、いよいよ本題だ。こんなライブ女子は、どのような女性たちなのだろうか。

意外に思われる方もいるかもしれないが、データからは、比較的安定した社会的立場と、リスクテイカーで利他的、そして努力家という、まるで少年漫画のヒーロー（ヒロイン？）のようなメンタリティが見えてくる。

なお、今回ライブ女子としてカウントしたのは、「ＬＩＮＥライブ・Twitter Periscope・Instagram ライブ・Facebook ライブ・ツイキャス・ニコニコ生放送・YouTube ライブ」のいずれかのライブ配信サービスを配信者として利用しているケースである（これらのサービスについては85頁コラム2を参照）。また、サンプル数が全部で１４０サンプルと限られていることから、これまでは未婚者と既婚者に分けて分析を行ってきたが、ここでは分けずに分析を行う。ちなみに、１４０サンプルの内、未婚者は6割弱、既婚者は4割弱である。

†社会・経済的に安定志向のライブ女子

まず、基本的な属性状況をみてみよう。ライブ女子の年齢については、これは想像できる結果だが、若いほうが利用率が高い。20―23歳では4・0％だが、順次減少し36―39歳では、1・7％になっている。また学歴については、短大卒・専門学校卒の利用率が最も高く3・7％であり、続いて四大卒の3・0％となっている。ちなみに、高卒では2・1％であり、ある程度学歴のある人が利用する傾向があるメディアであることがうかがえる。

最後に就業と年収であるが、他のソーシャルメディアの利用者と比べても、ライブ女子の就業率は高い（72・9％、他のソーシャルメディア利用者は58・0％）。それと連動する形で専業主婦率は低く（12・9％、他のソーシャルメディア利用者は26・7％）、もちろん年齢が若いというのもあるかもしれないが、家庭や地域社会だけでなく企業の中でも活動している女性である傾向が強いことは間違いない。

年収をみてみても、200万円以上の収入層は、他のソーシャルメディア利用者よりも厚い。こうした分析からは、ライブ女子は、客観的にはある程度安定した立場にいる傾向があることがわかる。では、主観（内面）的には、彼女たちはどんなタイプの女性たちなのだろうか。

†なんにでも肯定的でポジティブなライブ女子

興味深いのが「日本が向かっている方向」について問うた設問の回答である。全体的にみると日本の先行きについては、悲観的な人が多い。

そんななかで、ライブ女子が「良い方向に向かっている」と回答した割合は、それでも25％強ではあるが、他のメディアと比べると圧倒的に高い（ライブ配信以外のソーシャルメディア利用者は9・5％。67頁図表1-15、1-16参照）。ライブ女子は集団としてみると、他のメディアの利用者と比べてかなり「ポジティブ」なのである。

一方で、このポジティブにはあまり節操がない。方向性がないのだ。

政策支持について問う設問で、「日本国憲法9条の見直し」に肯定的な反応を示したライブ女子は29・3％（全体19・2％）、「外国人参政権の付与」に肯定的な反応を示したのは30・0％（全体17・0％）。この二つの政策に対して、他のメディア利用者と比較すると最も肯定的な傾向があることがわかる。

しかし、この二つのイシューに同時に賛成するのは、政治的な姿勢としては左右が入り混じる不思議な選択である。実は、ライブ女子はほかの政策にもおおむね賛成する傾向があり、報道量が多いイシューほど、賛成の傾向が強いように思われる（例えば「消費増税」の肯定的反応は18・6％〔全体11・1％〕）。つまり、ライブ女子は他と比べると「肯定」する傾向が強い人々なのだ。

†競争もまったりもほどほどに

ここまでは「ポジティブ」なライブ女子の側面を見てきたが、なぜそこまでポジティブになるのか、もう少しライブ女子の内面を、深掘りしてみたい。ライブ配信のような新しいことにチャレンジする彼女たちは、そうしたチャレンジを通して「勝ち組」になろうとしているのではないかという仮説も成り立つ。

そこでライブ女子が「人生の勝ち組になりたい」という設問に対してどれくらい肯定的だったのかをみると、53・5％となっている。この数字は、Instagram の各種機能利用者よりも低い数値（Instagram 投稿55・9％、Instagram ストーリー投稿58・4％）であり、群を抜いて高い値ではない。ライブ女子は、決して過度に競争に燃えるタイプではない。

ただ、だからといって、他のメディア利用者と比べて気ままというわけではない。「気ままに暮らしたい」という設問に対する肯定的反応は、ライブ女子は69・3%であったが、最も高い検索女子は83・5%で、他のメディアと比べても最も低い値となっている。

†ワクワク、ドキドキを求めている

ライブ女子の肯定的反応が一番高くなる価値観は、「危険を冒したい、冒険をしたい」という設問（図表1-17）である。この設問ではライブ女子の肯定的回答は33・5%であり、他のメディアと比べても最も高い。つまり、ライブ女子は成功や安心といった打算的な価値ではなく、「ワクワク、ドキドキ」を求める傾向が他と比べて強いのだ。

また、同様に肯定的反応が他のメディア利用者と比べて高くなるのが「周囲の人を助けたい、面倒を見たい」という設問（肯定的反応が50・9%で最も数値が高い。次点で肯定的反応が高いメディアはFacebook投稿で47・6%、最も低いのがTwitter検索で35・1%）である。

ライブ女子は利他的な人々だ。

しかし、それはあくまで家族の外側に向けてである。「家族との信頼関係やふれあいを大切にしたい」という設問では肯定的な反応が62・1%であり、これ以外で最も低いメディアの利用者と比べても、10ポイント以上低い値となっている（図表1-18）。

ワクワクドキドキしたいライブ女子

図表 1-17　各メディア利用者の「危険を冒したい、冒険をしたい」への回答（%）

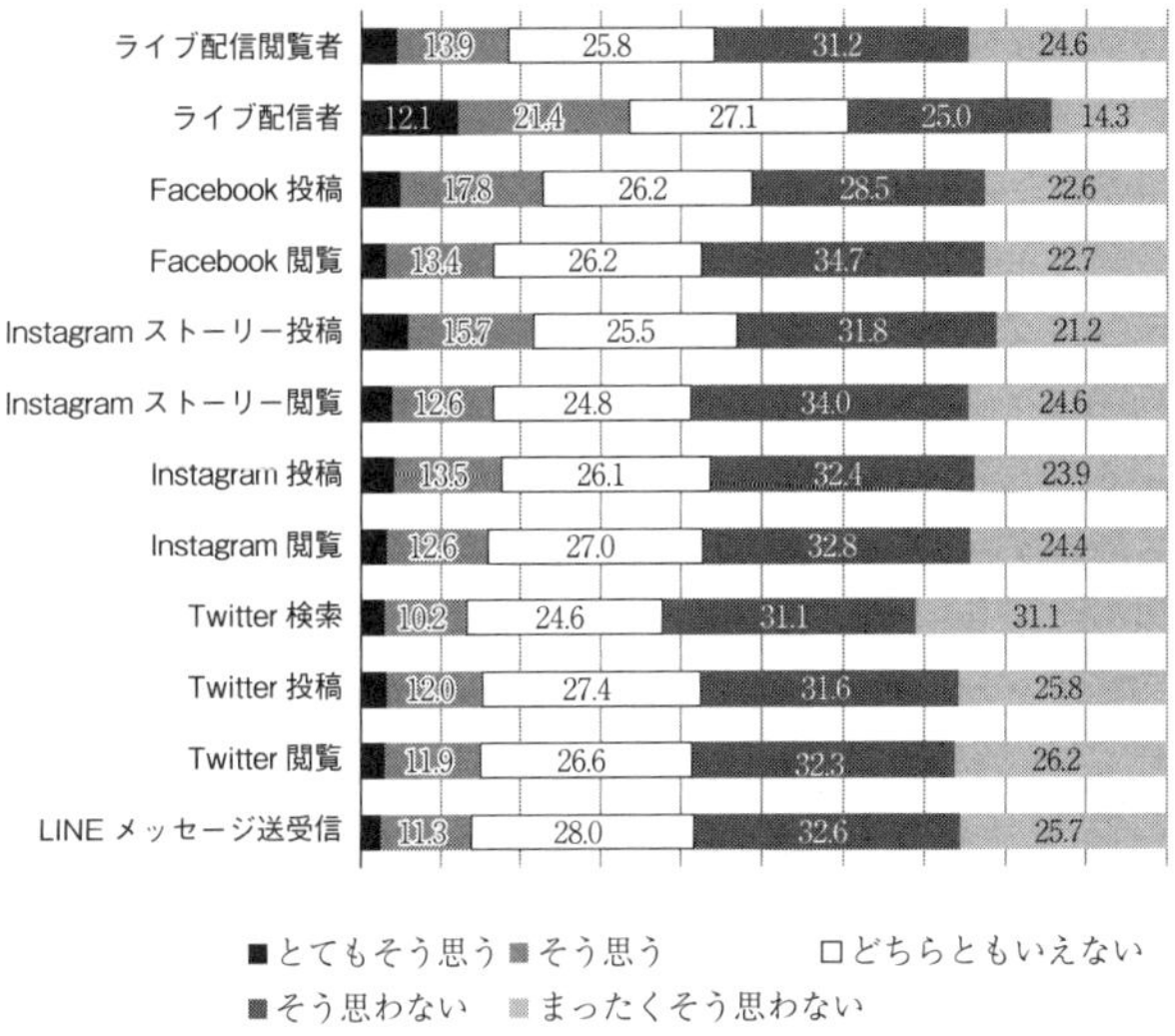

資料：カルチャースタディーズ研究所＋天笠邦一＋三菱総合研究所

こうしたデータからは、ライブ女子は少し家族に対する難しさを抱える傾向があるようにみえる。

学習意欲も高く、努力を怠らない

これまでの分析を通して、ライブ女子のポジティブさと冒険心が見えてきた。ライブ配信をするということはこうしたライブ女子の前向きな側面の一つの表れなのだ。

しかし、こうした前向きさは、具体的な内容を伴ったものなのだろうか。それを見て

家族との関係は複雑

図表1－18　各メディア利用者の「家族との信頼関係やふれあいを大切にしたい」への回答（％）

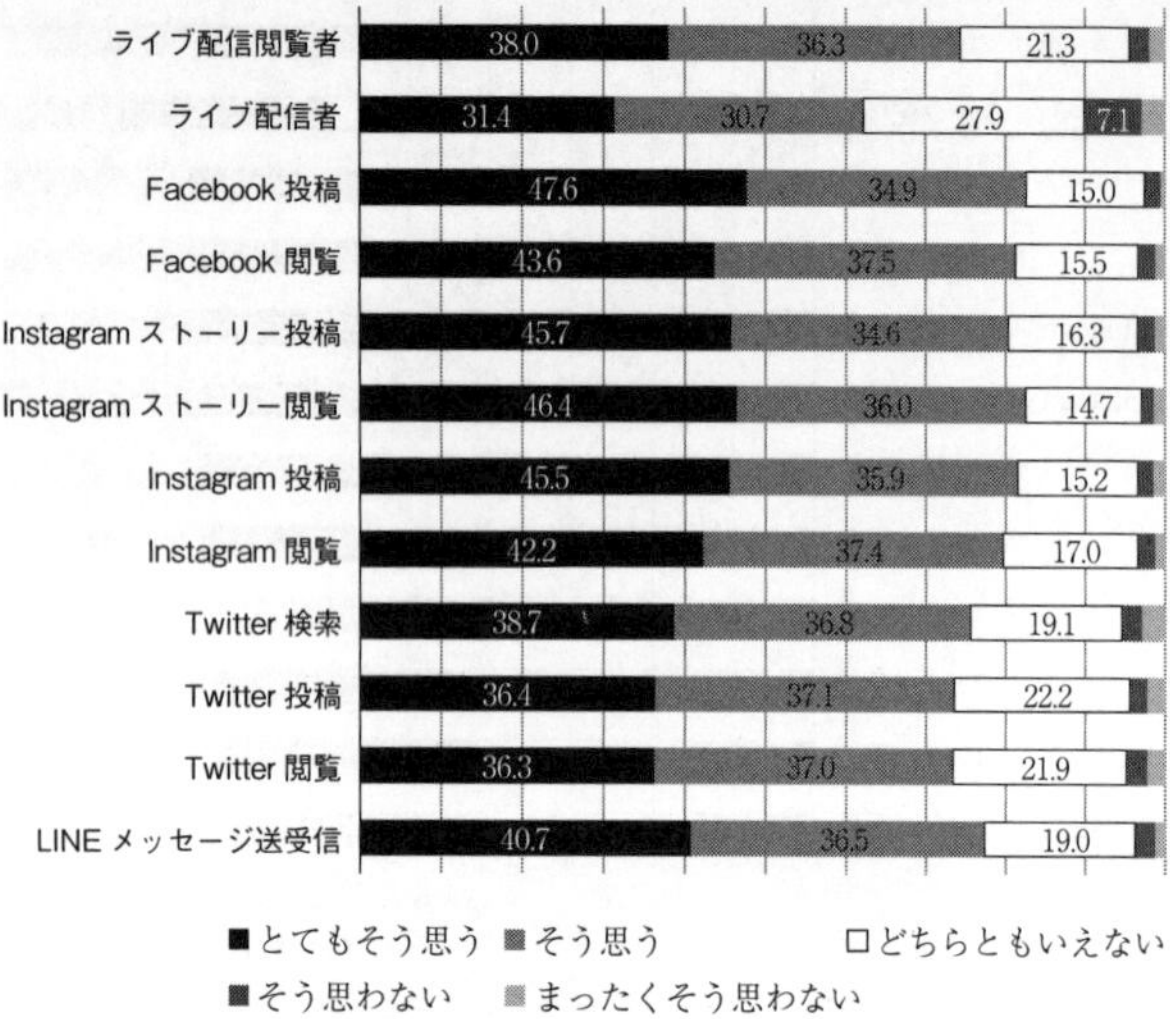

資料：カルチャースタディーズ研究所＋天笠邦一＋三菱総合研究所

みるために「学習」に関する設問の回答状況をみてみると（図表1－19）、四大メディア利用者の中で最も学習意欲が高かったFacebook女子（肯定的回答32・6％）を抑えて、ライブ女子が最も学習意欲が高い（肯定的回答37・9％）という結果になっている。

　また「自己の能力向上が図れる仕事をする」かどうかという設問でも最も肯定的回答が多いのはライブ女子（42・2％）であり、全体の25・2％を大きく上回っている。

向上心が高いライブ女子

図表1-19　各メディア利用者の「書籍などで学習する」への回答（%）

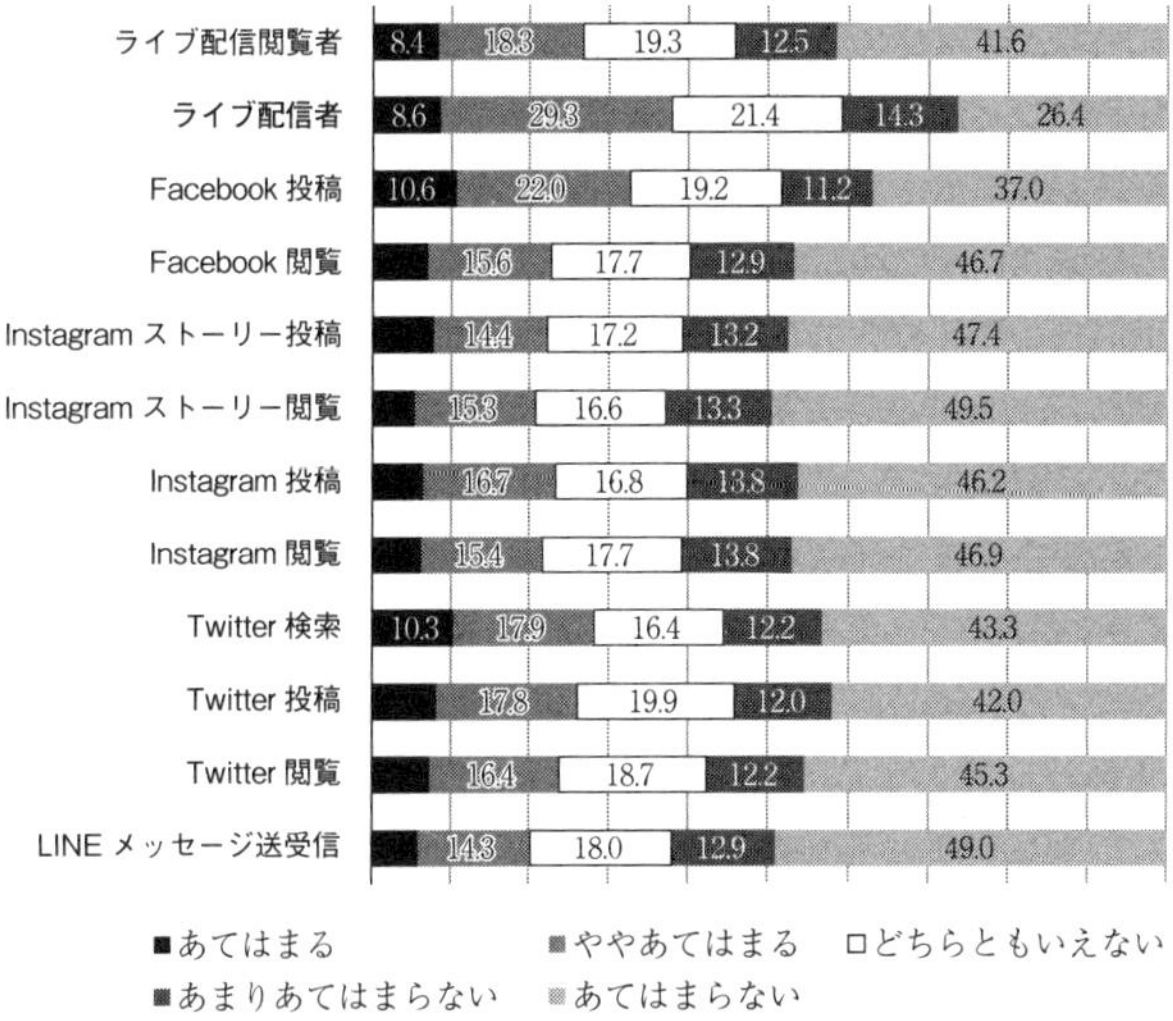

資料：カルチャースタディーズ研究所＋天笠邦一＋三菱総合研究所

つまり、安定した立場にありながら、危険を冒し、人を助け、ワクワクするために自分磨き・努力を怠らないという「ライブ女子」の姿が見えてくる。

†ままならない現実の先に

しかし、こうした姿からは想像がしにくいライブ女子の一つの側面が存在する。それは、新しい手段を使ってまで人とつながろうとしているのに、あまり「友人」のネットワークの規模が大きくないと

ストレスを感じやすく、傷つきやすい

図表1-20　利用メディア別・ストレス要因

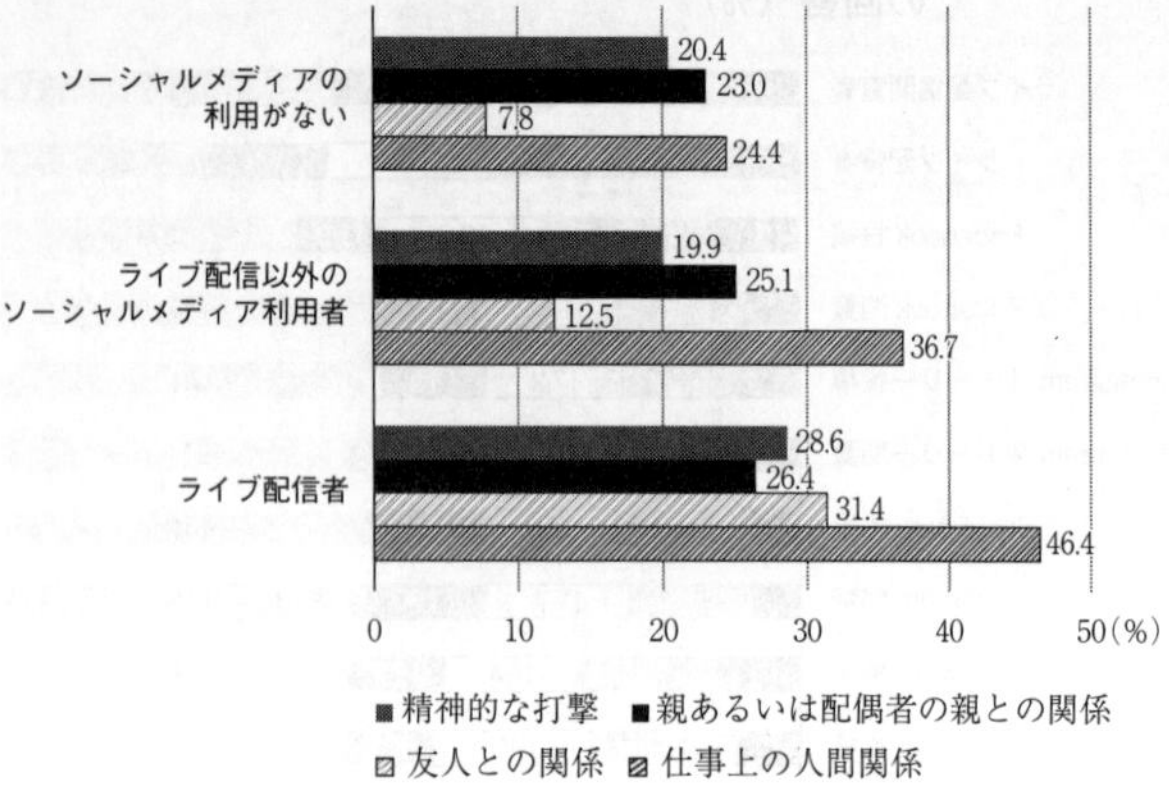

資料：カルチャースタディーズ研究所＋天笠邦一＋三菱総合研究所

いうことだ。

事前には「インターネットを通じた友人」の数が多いことを予想していたが、平均で10・6人となっており、Facebook女子の13・5人のほうが多い。さらに、学校時代からの友人の数に至っては5・9人となっており、他のメディア利用者との比較の中では最も少ない（ちなみに最も多いのはストーリー女子の12・2人）。他の分類の知人・友人の数も軒並み少なくなっている。ライブ女子は決してつながり強者ではないのだ。

さらに言えるのは、こうした決して多くないつながりが、ライブ女子には大きなストレスとなっているということだ。

図表1-20をみると、仕事上の人間関係からストレスを受けている割合（46・4％）も、友人関係からストレスを受ける割合（31・4％）も、他のメディアの利用者と比べて非常に高い。また、精神的な打撃を受けている割合（28・6％）も比較的高く、ライブ女子の傷つきやすい側面も見て取れる。

こうした環境もあり、ライブ女子が孤独感を感じている割合は、他のメディアの利用者と比べても最も高い。次点のTwitter検索利用者（＝検索女子）は31・0％が孤独感を感じているのに対して、ライブ女子は36・4％が孤独感を感じており、5ポイントも高い結果となっている。ライブ女子は、人とのつながりから必ずしも恩恵を得ているわけではないのである。

†突き抜けたオープンの先にあるクローズな親密性

ライブ女子の人間関係は決して大きくはないが、それにもかかわらず学校や家族といった「固定的」な人間関係に大きなストレスと孤独感を感じている。しかし、ライブ女子はそれに絶望したりはしない。すべてを前向きにとらえ、他者を助けながら、ワクワクを求め、それを見つけるために自分を磨き続けるのだ。

そんなライブ女子について、一つ興味深いデータを示して、本節の締めとしたい。ライブ女子のラジオの利用率を見ると、平日では49・3％、休日では44・3％であり、全体の平日19・3％、休日17・5％と比べても圧倒的に高い。この現状を見ると、ライブ女子が配信を行う上でのモデルとしてラジオ放送があるのは、まず間違いがないだろう。

つまり、他者を思い、リスクをとりながら自らを究極に露出し、コンテンツ化することで、深夜ラジオのパーソナリティがリスナーとのやり取りの中で築くような親密圏を、規模は小さいながらも構築していると考えられる。究極の露出とオープンさの先にあるのは、クローズな親密圏なのだ。

「空間のおすそ分け」的なライブ配信も、「パフォーマンス的な」ライブ配信も、少し居心地が悪い現実から離れ、主体的に、自らが心地よい評価をしてもらえる親密圏・居場所を作り出しているという点では共通している。

ライブ女子たちは、自分のスキルや今いる空間を露出することで、ストーリー女子以上に積極的に、ゼロから自らの居場所を作り出しているイノベーターなのである。

コラム2

ライブ配信サービスの誕生（天笠）

ライブ配信サービスとは、その名の通り、スマートフォンなどで撮影した映像をリアルタイムでインターネットに載せて、世界中に配信をするサービスだ。ネット時代の生中継と言えばわかりやすい。

世界的に見ると、一般ユーザーが利用できる映像のライブ配信サービスで最も早く認知を得たのは、２００７年初めにサービスを開始したUstreamであろう。日本においても、トークイベントのライブ配信などで利用されていたが、あまり個人単位で使われるものではなかった。

こうした状況を変えたのが、２００７年の終わりにサービスを開始した「ニコニコ生放送」である。サービスイン当初のニコニコ生放送はパソコンをベースに行われており、設定などに多少の障壁があった。しかし、ユーザーの自宅からプライベート感あふれるライブ配信が行われ、配信画面上にリアルタイムにコメントを載せられる機能もあいまって、日本におけるライブ配信文化を変える節目となった。

ライブ配信とSNSの融合

このニコニコ生放送の流れを汲みつつ、よりネットによるライブ配信の文化を一般化したのが2010年にサービスインしたツイキャス（TwitCasting）である。ツイキャスでは、スマートフォン1台でライブ映像の配信・閲覧、そしてコメントが可能であり、一般ユーザーがライブ配信や閲覧を行う敷居が一気に下がった。またSNS的なフォロー機能も導入し、配信者を中心としたコミュニティも形成された。現在では、ツイキャスの登録ユーザー数は公称2500万人（モイ株式会社、2019年4月10日プレスリリース）にのぼり、日本最大のライブ配信サービスに成長している。

こうしたライブ配信サービスの普及と文化の誕生のなかで、大手のSNSも次々に対応を進め、現在ではLINE、Instagram、Facebookの標準的な機能としてライブ配信が利用可能となっている。Twitterも外部アプリと連携する形でライブ配信が可能だ。さらに、アーティストや芸能人、またはその卵たちの利用を前面に打ち出すSHOWROOMなど、特色のあるライブ配信サービスにも人気が集まっている。

インフルエンサーが積極的にライブ配信を活用している中国などと比べるとまだまだであるが、日本国内でも一定の認知度はあり、ライブ配信サービス自体は群雄割拠である。

4　検索女子――「いまここ」にない世界を覗き見る女性たち

さて、ここからは、分析の方向性を変えて、情報を求める覗き見志向の女性たちのことを考えてみたい。

まずは、覗き見志向の中でも、オープンなコミュニティの先にある「ここではないどこか」を求める女性たち、四象限のグラフでいうなら、左上の女性たちについて議論する。このオープンなコミュニティで情報を追い求める女性たちの特徴的なメディアの使い方としては、ソーシャルメディア（特にTwitter）の検索があげられる。彼女たちのことを「検索女子」と名付け、ここでは詳細な分析を行っていく。

†検索をして「徹夜」する

私のゼミには、ガンダムからレオナール・フジタ（フランスで活躍した日本出身の世界的な画家）、クラシック音楽からジャニーズまで、趣味の守備範囲が恐ろしく広い学生がいる。読書が趣味で、本を読まない学生が多いなか、彼女は本当に本をよく読む。

そんな学生がゼミの時間にとても眠そうにしていたので、声をかけてみた。「眠そうだね～。大丈夫?」「朝まで、ネットで検索してしまって……」検索ってそんなにし続けられるのだな……さすがに多趣味のHさん。と思っていたら、どうやらフツーに検索していたわけではないらしい。彼女は噂の「Twitterで検索」をしていたというのだ。「Twitterで検索すると無限に検索し続けてしまうんですよね」とは彼女の弁だ。

我々にとって「ネット検索」といえば、Googleだろう。Twitterで検索、といってもピンとこない方も多いのではないだろうか。しかし若者たちの中には、「検索エンジン」として、Twitterを利用する人々がいる。

†終わらない・正解のないSNSでの検索

Twitterのようなソーシャルメディアでの検索を、googleのような通常のWeb検索と比較した際の最大の違いは、ユーザーから見た際に、検索結果が一つに定まらない点にある。

Googleで検索しても、普通に利用する時間軸の中では、何度か検索をしてもそれほど結果は変わらない（当然、月日がたてば検索結果は変わるが）。Google検索は、自分が要求する情報に対して、精度の高い「一つの正解」を求めて行うのが一般的だ。

これに対して、Twitter検索は、Twitter上のつぶやきを検索対象とするため、テーマやキーワードが話題であればあるほど、一瞬で検索結果に変化が生じる。ソーシャルメディアの検索が「リアルタイム検索」と言われる所以《ゆえん》だ。

では、Twitterで検索をする人は、「正解」ではなく、一体何を検索しているのであろうか。例を挙げて考えてみよう。例えば、広島東洋カープの今夜の試合のスターティングラインナップ（スタメン）が知りたくて、Googleで検索をする。通常の検索アルゴリズムならば、スポーツニュースのポータルサイトや広島東洋カープの公式サイトが一番上に表示される。「公式情報から正式なスタメンを調べてね」ということだ（90頁、画像上）。

†情報とひもづいた「感情」を検索する

一方、同じキーワード（例えば「カープ スタメン」）でTwitterを検索すると、同じくニュースサイトのスタメン情報が出てくるが、必ずしもそれがトップに出てくるわけではない（ちなみに広島東洋カープは、この本を執筆している2019年5月の段階で、公式のSNS

アカウントを運用していない唯一の日本のプロ野球チームである）。多くが、発表されたスタメンや、予想されるスタメンに対するファンたちの感想やコメントである（画像下）。そして、試合前で多くの人がつぶやきを書き込むほど、瞬時に検索結果が変わる状態になり、「終わらない検索」が発生する。

つまり、Twitterを筆頭とするソーシャルメディアの検索は、通常のWeb検索とは異

上がGoogleで「カープ　スタメン」と検索した場合の結果。下はTwitterの場合（2019年6月13日）。
上／Google検索画面。GoogleおよびGoogleロゴはGoogle Inc.の登録商標であり、同社の許可を得て使用しています。
下／Twitter検索画面

なり、正解や効率性を求めて行うものではない。多くの場合、自らが興味を持つテーマに関して他のユーザーが発信する雑多な情報を取得することで、テーマに対する多様な視点を得たり、自らの考え方に対する確信や共感を得たりするために行うものなのだ。

†縛られていない人のメディア

それでは、その「Twitter検索を利用する「検索女子」は、どれくらいいて、どんな女性たちなのだろうか。今回の調査において1カ月以内にTwitter検索を利用したと答えた女性（20〜39歳）の割合は14・8％であった。Twitterの閲覧利用者が42・8％、投稿利用者が25・0％なので、全体の約6分の1弱、Twitter利用者の3分の1強が検索機能を利用していることになる。

この検索女子は、大まかにはTwitter利用者の属性と一致した傾向を示す。つまり、既婚者のほうが利用率が低く（未婚者67・7％、既婚者30・4％）、年齢が上がるほど利用率は下がる（20代はじめは35％ほどある利用率が、30代の終盤には一桁台に）。大枠でみると、未婚で若い、在学中の学生も含めたまだ社会的なステータスが定まりにくい層に、盛んに利用されているメディアであるといえる。

†「上流」「下流」が入り混じる検索女子

さらに、Twitter 検索に関する学歴や年収、居住地など「格差」に関わる統計をみると、Twitter 検索におけるマジョリティである未婚の利用者とマイノリティである既婚の利用者で、違った傾向がみえてくる。

未婚の利用者にとっては、Twitter は「下流」なメディアである。高卒以下の利用率が高く（31・0％、全体の利用率は26・9％）、年収が上がるほど、利用率は下がる（年収50万円未満だと25％ほどだが、300万円以上だと15％ほどになる）。一方で、既婚の利用者をみると、四大卒の割合が高く（48・2％、全体では43・0％）、500万円以上年収がある人の利用率（18・8％、他の収入層では10％前後）が最も高い結果となっており、「上流」層が確実にいるという結果となった。

これは最初に述べた Twitter 全体の傾向と一致しており、検索機能も、ステータスが見えないという特性を生かして、様々な社会的ステータスを持つ人々が入り混じりながら情報を得るという Twitter 内の活動の延長線上にとらえることができる。

ひとり遊びにはツイッター検索が欠かせない

図表1-21　Twitter検索の有無と未既婚別・「1人で余暇・レジャーを楽しむ」得点の年齢推移

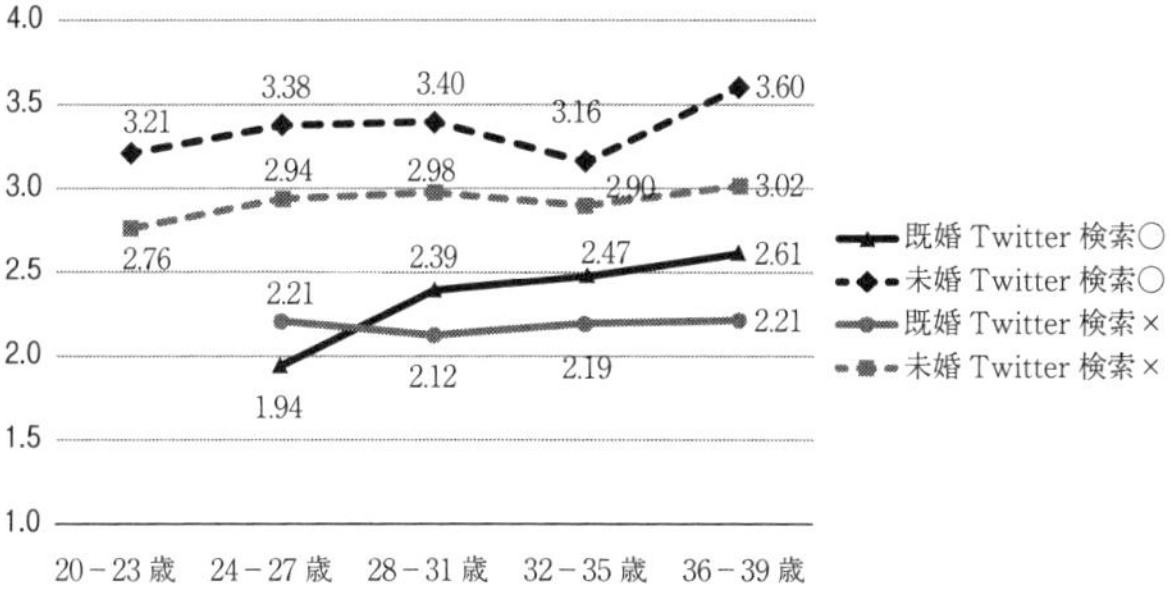

注：「一人で余暇・レジャーを楽しむ」という問いにどの程度あてはまるかを「あてはまる」「ややあてはまる」「どちらともいえない」「あまりあてはまらない」「あてはまらない」の五択（五件法）で聞く質問に対して、それぞれの回答に5～1点の点数を割り当て、その平均値を算出

資料：カルチャースタディーズ研究所＋天笠邦一＋三菱総合研究所

†一人でないひとり遊び

検索女子の行動・活動として特徴的なのは、その余暇の楽しみ方である。露出系の女性たちが、幅広いつながりの中で行動し、その記録をSNSに発信していたのに対して、検索女子は、集団で遊びに出ることが少ない。一人が好きなのだ。

図表1-21を見ると、「ひとり遊び」を楽しむかどうかは、年齢とは関係なく、結婚をしているかいないかというその人が置かれた社会的状況の影響が非常に大きいことがわかる。一方で、婚姻状況ほどの影響力はないが、Twitter検索の利用とも関係が深く、ほとんどすべての年代で、検索女子

のほうが「ひとり遊び」の頻度が多い。Twitterの検索が、ひとり遊びを豊かにし、ひとり遊びにとってTwitter検索が欠かせないものとなっていると言っても過言ではないだろう。

†一人でYouTubeをみんなと見る

かつて、夫が夜勤の仕事をしていて妻とは生活時間帯が逆転している、ある地方都市に住む夫婦のご自宅を訪問し、メディア利用についてインタビューを行ったことがある。その際、働きには出ていないという妻（20代前半）は、とあるYouTuber（YouTubeでの動画配信を仕事としている人）の大ファンで、夫のいない日中、そのYouTuberの配信があると、自らのTwitterに流れてくる情報だけでなく、配信に関わるキーワードをTwitter検索にかけ、様々なファンたちの反応を見て盛り上がるのが日課だと語っていた。Twitter検索は、一人でいる間にも、何らかの共感や誰かと一緒にいる感覚を、その利用者にもたらしていると考えられる。

†同期できる今を探す「検索同期」

かつて、メディア評論家の濱野智史は、その著書『アーキテクチャの生態系』（NTT出版、2008年）の中でTwitterの特徴を「選択同期」と呼んだ。タイムラインに流れてくる様々なつぶやきの中から、自らが共感できるものだけを選んで同期（感情的なタイミング合わせ）をしていく。そうすることで、個人的な感情が、皆と状況を共有したコトとして経験され・消費されていくのだ。

その文脈の延長線上に考えるのであれば、Twitter検索は「検索同期」といえるような状況を作り出しているのではないだろうか。自分一人で、好きなタイミングで好きなことを楽しむ時、それに共感（同期）してくれる人々が、画面のすぐ向こう側にいるという状況を、Twitter検索は簡単に作り出せるのだ。

選択同期が受け身の同期なのに対し、ここでいう検索同期は、自らの意志や欲望が前面にたった積極的な同期である。こうした情報との接触のあり方は、Twitter以前には、例えば2（現5）ちゃんねるなどで実現されていたものであった。また、現在はソーシャルゲームでも時刻や期間限定のイベントが開かれており、その受け皿になっているだろう（実際に検索女子はゲームアプリでの他者との協働〔未婚12・1％、既婚9・4％〕や課金〔未婚14・7％、既婚9・4％〕をしている割合が、他メディアの利用者と比べても一、二番目に高く、特徴的な行動となっている)。Twitter検索はそれをより容易に、さらに選択的にしたと考えられる。

検索女子は、ソーシャルメディアの検索により、「一人でないひとり遊び」を実現しているのである。

†検索で「(傷つきやすい)いまここ」から離れたどこかへ

ここまでの分析で、検索女子は一人を愛し、ひとり遊びを楽しむ傾向があることが分かったが、なぜそこまで一人を楽しもうとするのだろうか。

統計調査からは、その要因として、彼女たちが置かれた身近な環境からのストレスが要因ではないかと考えられる。実は、検索女子は、露出系のストーリー女子やFacebook女子では強かった仕事関係の人間関係や友人関係からのストレスが、それほど強くない。具体的なデータは紙面の制約で割愛するが、仕事関係では検索女子とそれ以外でほぼ変わらず、友人関係は、わずかに検索女子のほうが高い程度だ。少なくともストーリー女子やFacebook女子ほどは高くない。

では、何に対してストレスを抱えているのだろうか。それは親や、既婚者では夫など、身近な関係に対してである。図表1-22、1-23は、それぞれ夫婦間と親とのストレスを年齢ごとに示したものであるが、ほぼすべての年齢層で、検索女子のほうがストレスが強いのがおわかりいただけるだろう。

人間関係のストレス以外で、検索女子のほうが強いストレスを感じる要因として「精神的な打撃」と「経済的な問題」が挙げられる（図表1-24、1-25）。「傷つきやすく」「お金もない（と感じる）」ということだ。これらも、自らの性質や置かれた環境に起因する箇単には逃れえないものであり、社会的・経済的な環境が不安定で、感受性の高い女性たちが、ここではないどこかを探して（正解の場所はずっと見つからないのだが……）Twitterなどのソーシャルメディア上で検索し続けるという利用の類型も見えてくる。

†行きつく未来も暗いという覚悟

ちなみに、ストレスが強く傷つきやすい検索女子は、他のメディアの利用者に比べて、物事の見方が悲観的であるという特徴もある。先の図表1-15、1-16で（67頁）示した、日本の向かっている方向を聞いた設問の結果をみると、既婚者では一番、未婚者では二番目に、日本の行き先に対して悲観的だ。

検索女子は親密な関係と社会経済的問題がストレス

図表1-22
夫婦間の関係にストレスを感じる

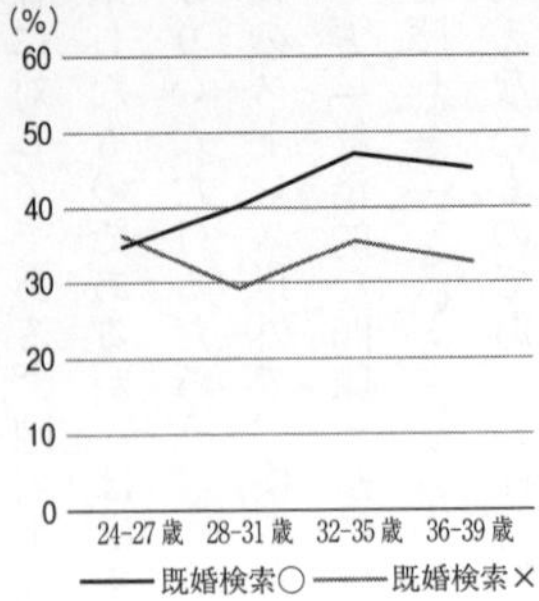

図表1-23
親との関係にストレスを感じる

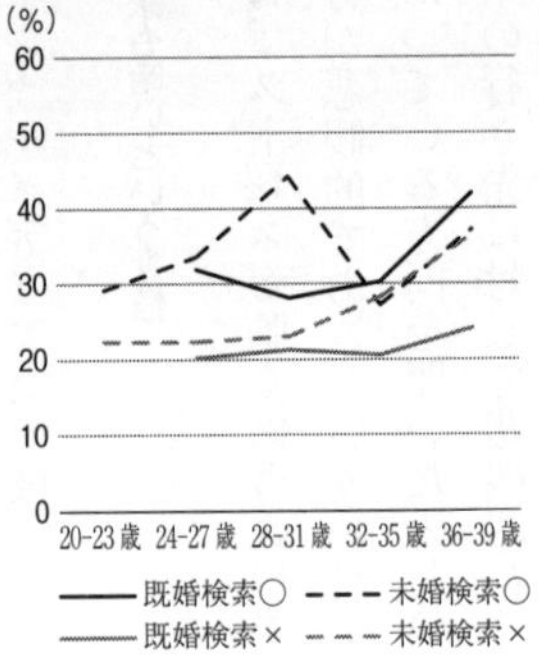

図表1-24
精神的な打撃にストレスを感じる

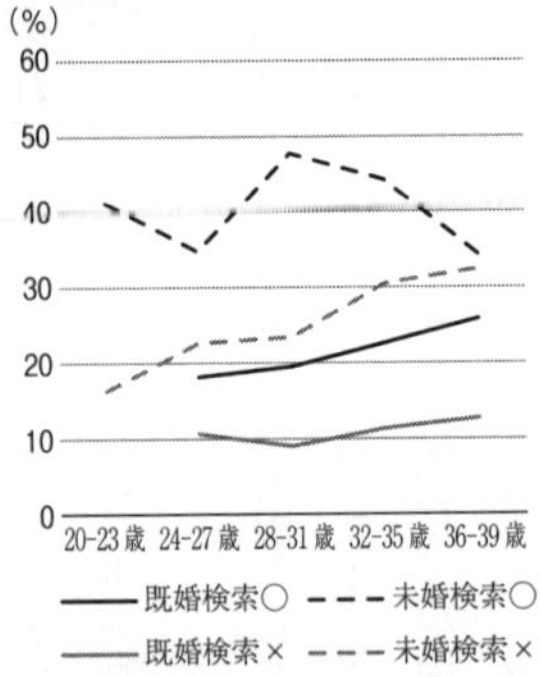

図表1-25
経済的な問題にストレスを感じる

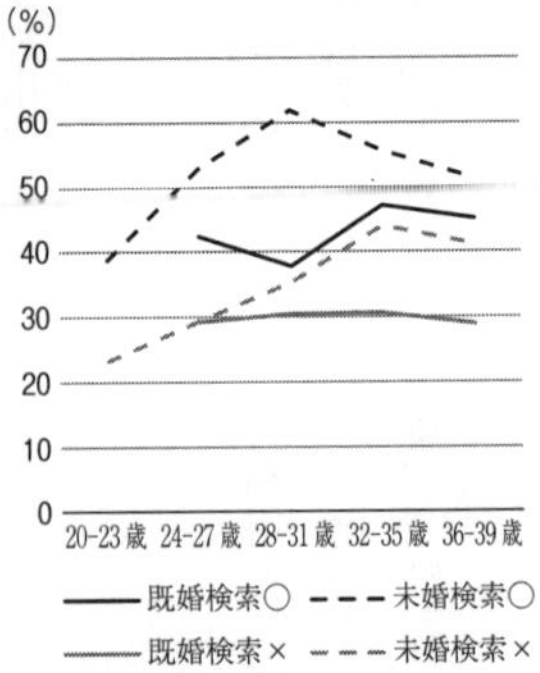

資料：カルチャースタディーズ研究所＋天笠邦一＋三菱総合研究所

また、図表1-6（43頁）で示した、自分に対する階層意識をみると、主要メディアの利用者の中では、最も下流意識が強い。検索女子は、どうせダメでしょと悲観しつつも、ちょっとした共感を探して検索し続けてしまう、シニカルな下流女子なのだ。

✝下流志向の検索女子が行きつく先は、「不幸」なのか？

ここまでの分析からは、検索女子が「不幸」なように見えてしまう。しかし、本当に彼女たちは不幸なのだろうか。

興味深いのが、Kindleなど電子書籍の利用率（未婚17・6％、既婚17・2％）が検索女子は、未既婚者それぞれで他のメディア利用者と比べて一、二番目に高いという点だ。どうせ漫画ばかり読んでいるのではと思う方もいるかもしれないが、図表1-8（46頁）をみると、学生が多いことも影響していると考えられるが、学習の機会も検索女子は他のメディアに比べて多いほうであることもわかる。学ぶというのは、その瞬間は不幸なのだ。考えている間は苦しいのは当然である。

さらに既婚者に限ってだが、ルナルナなどの生理周期管理アプリの利用率（33・9％）は二番目に高い。こうしたデータが示すのは、Twitter検索の利用者は、別の言い方をすれば、内省的で考える女性たちだということだ。

今回のデータは経年変化を分析するものではないので、今の若いTwitter検索利用者たちが、実際にどこにたどり着くのかはわからない。しかし、少なくとも現状のTwitter検索利用者たちのスナップショットとしてのデータでは、特に未婚者の若年層では高かった様々な不安感やストレスが、30代の後半に差し掛かると減少傾向になる。

このようなデータからは、これも仮説であるが、Twitter検索利用者は、安定しない環境に置かれながらも、検索をして様々な感情・情報に触れ、本を読んだり、他の様々なツールを使って自分について考えるうちに、自分の置かれた状況を理解し、安定した精神状態に落ち着いていくという仮説も成り立つ。オープンな環境の中で、ここではないどこかを求めて情報を探す検索女子は、大器晩成型の女性だと考えられないだろうか。

5　閲覧女子——幸せを覗き見て、幸せに備え続ける女性たち

最後の特徴的なメディア利用者として、情報を求める覗き見志向で、クローズなコミュ

ニティを志向する「閲覧女子」について取り上げる。ここでいう閲覧女子とは、Instagramには投稿せず、ひらすら見続けている女性たちのことだ。

「あれ？ Instagramなら、露出志向じゃない？」と思う方もいらっしゃるかもしれない。なぜ、覗き見志向かといえば、「投稿をしない」というのがミソだ。決して、自らのステータスを主体的に示すことはせず、ただ、他者のステータスを観察し、「インスタ映え」な情報を収集し続ける女性が、閲覧女子である。

†雑誌のようにInstagramを閲覧する

現在Instagramには、多くの芸能人やモデルたちが、投稿を行っている。また、一般人でも、まるで芸能人のような華やかな生活やあこがれるようなライフスタイルを投稿している人も多い（俗にいう、インフルエンサーというやつだ）。閲覧女子は、もちろん、多くの場合、自らの直接の友人たちともInstagramでつながっていると考えられるが、同時にこうした「有名人」の中から、自分の好みやライフスタイルにあった人を探し、その投稿を「閲覧」しているのだ。

学生たちの会話でも「○○がインスタにあげてたよね」という話をよく聞くし、同世代で仕事をバリバリ頑張っている女性で、たとえ投稿ができるようなキラキラした生活を送っていなくても、情報収集のためにInstagramを見ることだけはしている、という話もよく聞く。

雑誌が最近は売れなくなったというが、Instagramは一昔前の、ファッション誌やライフスタイル誌のような役割を果たしているのである。閲覧女子は、Instagramを情報源として利用している女性であるともいえる。

†Instagramで「女子」を覗き続ける未婚女性

さて、まずはこれまでと同じように、そんな閲覧女子がどんな女性なのかを基本的な統計資料を使ってみていこう。先述した通り、Instagramの閲覧を1カ月以内に行った経験のある女性は、今回の調査では全5442サンプル中、2145サンプル（39・4％）だった。そのうち、投稿と閲覧両方を行っているフル活用タイプの利用者は、1034サンプル（48・2％）、閲覧のみの利用者は、1111サンプル（51・8％）であった。20―39歳の約2割が「閲覧女子」ということになる。

「婚姻の状況」と「年齢」という、本書の中で現代女性を理解する上での重要な切り口と

未婚女性はInstagramを閲覧し続ける

図表1-26　未既婚／年齢層別・Instagram閲覧のみ／閲覧＆投稿利用者率

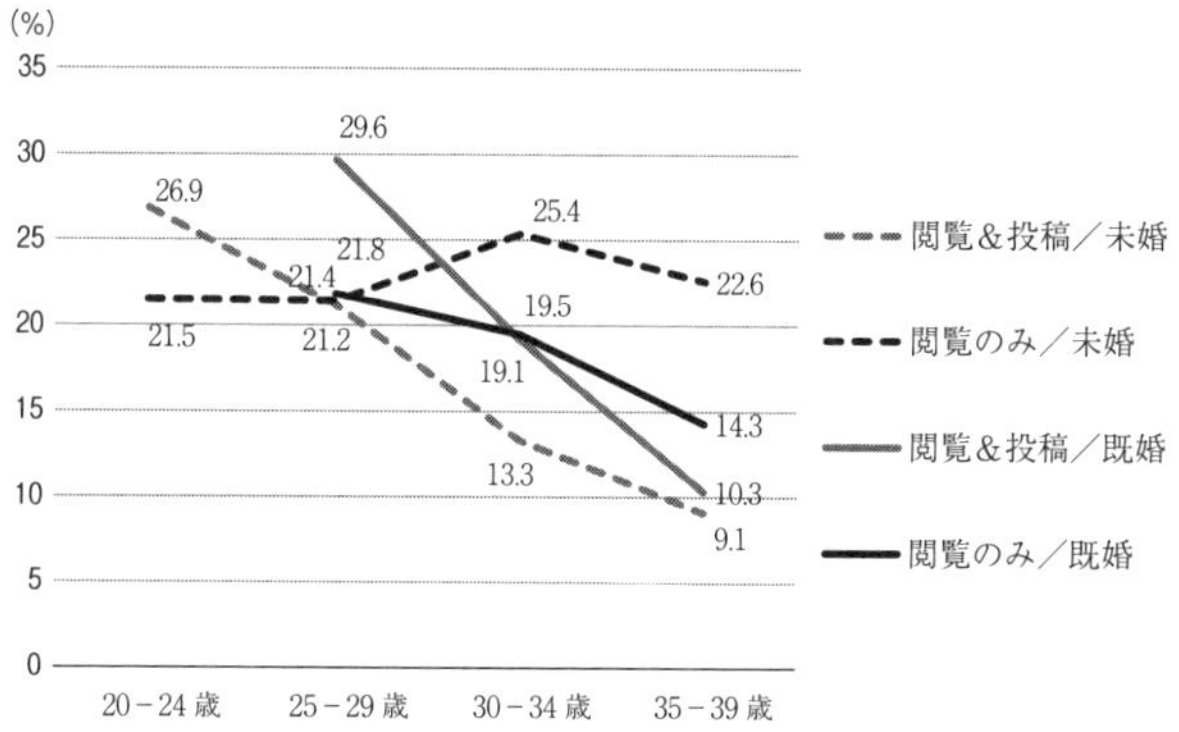

注：既婚については、20-24歳はサンプル数が少なすぎるためグラフから除外した
資料：カルチャースタディーズ研究所＋天笠邦一＋三菱総合研究所

なっている変数からInstagramの利用についてみてみると、年齢を経てもInstagramを見続ける未婚女性の姿が浮かび上がってくる。

図表1-26から具体的なデータをみてみよう。閲覧女子の割合が、未婚ではすべての年代で20％台前半から半ばという一定の水準を維持している。Instagramは少なくとも40歳未満のすべての年代の女性たちにとって、「見るメディア」としての一定の影響力がある。

対照的に、閲覧も投稿も行うフル活用タイプの率は、未婚でも既婚でも年齢を経るごとに減っていく結果となっている。

閲覧女子をみても、フル活用タイプほど

ではないが、年齢を経るごとに既婚者の利用率は減少する。つまり、未婚女性だけが、Instagramを見続けているのである。

もちろん、同じ女性がずっと見続けているというわけではなく、年齢を重ね、自分たちからは発信・投稿をしなくなった女性たちが、「閲覧だけ」の層に移行しているという状況であることも予想される。今回は時系列の分析ではないため、それを検証するのは難しいが、ここから確実にいえるのは、未婚の女性にとって、何歳であってもInstagramは、情報源としてその影響力の大きさが変わらないということだ。

この特徴を鑑み、本節では主に未婚のInstagram利用者の姿を、フル活用（閲覧&投稿両方の利用者）と閲覧（のみ）女子との比較の中で描き出してみたい。

†閲覧女子はけっして不遇な状況におかれているわけではない

閲覧女子のおおまかな姿として、最後に、未婚のInstagramフル活用タイプと、閲覧女子タイプの基本的なステータスの違いについても触れておきたい。実は、基礎的な統計情報には、あまりフル活用タイプと閲覧のみタイプとの差異はみられない。例えば、「仕事の時間」の平均は、フル活用タイプが6・1時間、閲覧のみは6・0時間と、ほぼ変わらない。また、個人としての収入に関しても、収入がない層は閲覧のみのほうが多い（フル活用1・8％、閲覧のみ6・0％）が、その他の収入の分布は両者でほぼ変わらない。居住地についても、まとまった傾向がみられないのは同様である。つまり、Instagramのフル活用派と閲覧のみ派の基本的なプロファイルは、若干フル活用派のほうが若いことを除き、ほぼ変わらないと考えられる。「見ているだけ」というとなんだか不遇な状況に対する怨念のようなものを感じてしまうが、そんなことはなく、ごくごく普通の人々なのだ。

†ビジョンはない閲覧女子

それでは、フル活用派と閲覧女子で差異がみえるのはどんな点であろうか。顕著に差がみえるポイントの一つに「価値観」がある。他人からの賞賛や経験の豊かさ、そして他者から見た時の成功など、わかりやすい「人生の目標」に対する感度は、閲覧女子のほうが低いのだ。

「実力を発揮し、人から賞賛を受けたい」かを問う設問に対する回答では、閲覧女子の肯定的回答が47・5％であるのに対して、フル活用派は54・5％が肯定的回答をしている。「人生でいろいろな経験をしたい」かを問う設問に対しては、閲覧女子は66・6％、フル活用派は76・4％が肯定的回答である。最後に、「人生の勝ち組になりたい」かを問う設問に対しては、閲覧女子は47・5％、フル活用派は53・7％が肯定的回答だ。

こうしてみると、いずれの設問においても、閲覧のみ利用者のほうがフル活用派と比べて、肯定的回答をした割合が6～10ポイントほど低い。こうしたフル活用派と比べて意欲に欠ける傾向は、他の「人生の目標」に関する多くの質問でみることができる。

†ビジョンのかわりにお金が欲しい

そんななかで、唯一閲覧のみのほうが、積極的な「人生の目標」がある。それが「お金持ちになり、高級品を持ちたい」というものだ。肯定的な回答は、3ポイントほどわずかに閲覧のみのほうが多い結果となっているが、否定的な回答については、6ポイントほど閲覧女子のほうが低く、他のことには消極的な下流志向の閲覧女子のほうが「お金を持つこと」のみについては、相対的にみて積極的であることがわかる。

これと同様の傾向がみてとれるのは、図表1-27の「結婚相手に求めるもの」という設問だ。閲覧女子は全般的に謙虚で、フル活用派に比べて、相手に求める条件が全般的に少ない。しかし、そんななかで唯一、閲覧女子が求めている割合がフル活用派を上回ったも

閲覧女子は結婚相手にもお金を求める

図表1-27　結婚相手に求めるもの

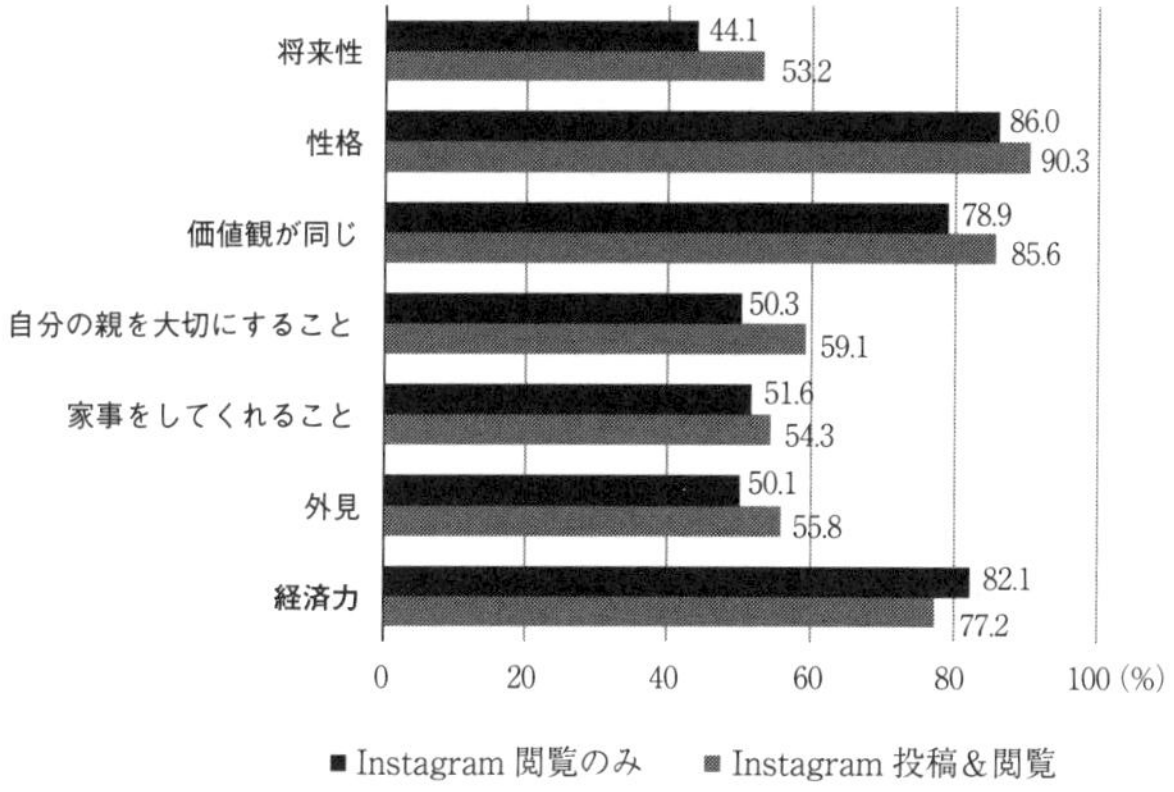

資料：カルチャースタディーズ研究所＋天笠邦一＋三菱総合研究所

のがある。それが「経済力」だ。

やはり、閲覧女子は、人生における具体的な目標は強く持たない傾向が強いが、一方で「お金」についてだけはモチベーションを持つ傾向があるのだ。

†キラキラを閲覧して不満を募らせる

では、閲覧女子たちは、そんなお金を何に使おうとしているのであろうか。消費に関する質問の結果を精査すると、閲覧女子たちはお金を気にはしているものの、具体的なプランがあるわけではないことがみえてくる。

例えば、「欲しいモノがあるか」を問う設問では、閲覧女子の肯定的回答が

54・7%であるのに対して、フル活用派は61・9%である。また、「行きたい旅行先」があるのかを問う設問では、閲覧女子の肯定的回答は62・2%だったが、フル活用派は70・9%である。

いずれの設問でも閲覧女子はフル活用派と比べて8%ほど、肯定的な回答が少ない。つまり、閲覧女子は、何か具体的な欲しいモノや行きたい場所があるから、お金を求めているわけではないのだ。

また、実際に行ったレジャーの経験をみても、ひとり遊びも、友達とのレジャーも、閲覧女子のほうが肯定的な回答が少ない。特に友達とのレジャーは、15ポイントほど肯定的な回答が少ない（閲覧女子35・5%、フル活用派51・1%）結果となっている。閲覧女子は、友人たちとのコト消費をする機会を、フル活用派ほどは持たない傾向があるのだ。

結果、閲覧女子はフル活用女子と比べてレジャーに対する満足度が明らかに低い（閲覧女子でレジャーに満足しているのは43・3%、フル活用派は55・9%）。閲覧女子もリア充（リアルを充実させること）したくないわけではないのだ。キラキラした投稿の多いInstagramをなんとなく閲覧しながら、プランは具体化せず、結果、余暇やレジャーに対する不満を募らせてしまっているのである。

†レジャー経験の少なさと連動する交友関係の相対的な狭さ

仮説の域を出ないが、この「消費をしない」傾向の要因として考えられるのが、交友関係の狭さである。閲覧女子たちは、図表1‐28をみてもわかる通り、フル活用タイプと比べて友人関係が、オンラインでもオフラインでも狭い。つまり、購入したモノやコトを一緒に消費する相手がおらず、このことが、「インスタでおしゃれなものをみて、お金が欲しいのに、消費はしない」傾向となって表れているのではないだろうか。ただ、積極的に消費をしようとしないので、友人関係も広がらず、結果友人数が少なくなっているとも考えられ、卵が先かヒヨコが先かの議論ではある。

†消費はしないが、お金はある

というわけで、何かと消費が充実しない閲覧女子ではあるが、そんな彼女たちが充実しているものがある。そう「お金＝貯金」である（図表1‐29）。使わなければたまるしかないのだ。ちなみに貯金額がわからないと答えた割合は閲覧女子のほうが高い（17・2％、フル活用派は13・4％）。しかし、それを差し引いても、貯金額50万円未満の低貯蓄層は10

閲覧女子の交友関係は狭い

図表1-28　分野別友人数の平均値（人）

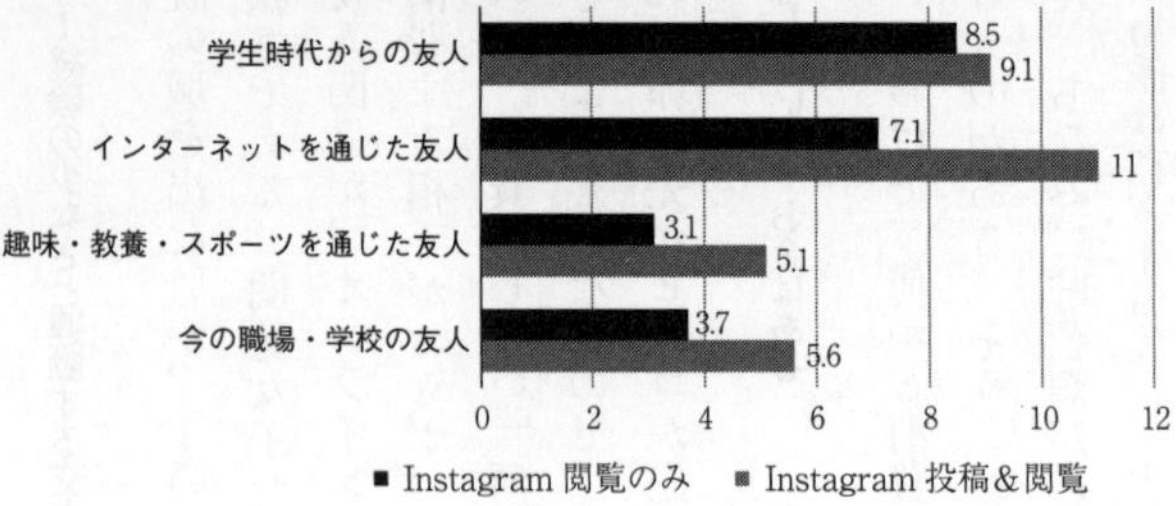

使わないので貯金は多い

図表1-29　個人としての貯蓄額

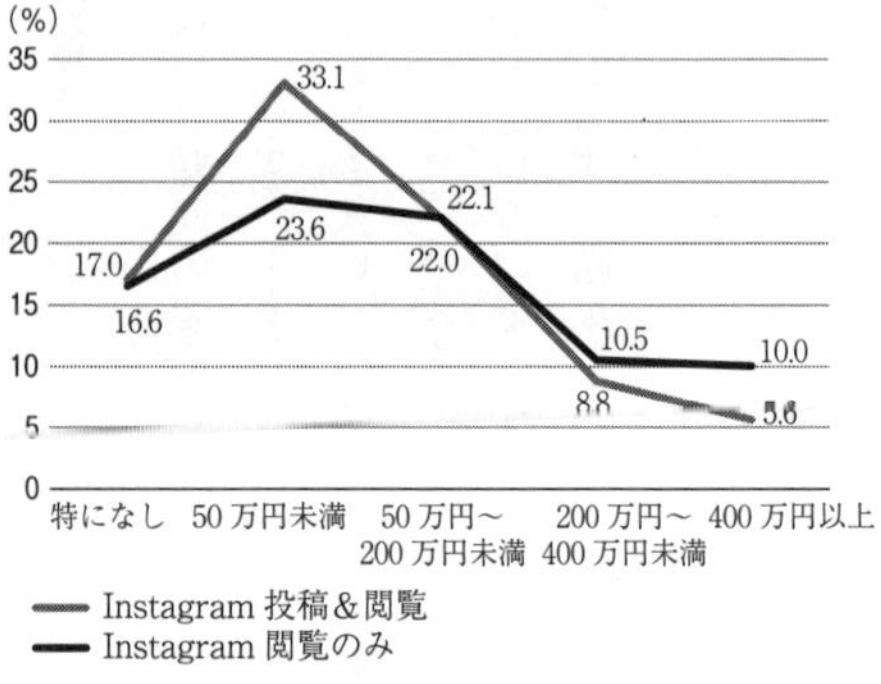

資料：カルチャースタディーズ研究所＋天笠邦一＋三菱総合研究所

ポイント近く閲覧女子のほうが少ないし、貯金が400万円以上ある高貯蓄層は、倍近く閲覧女子のほうが多い。閲覧女子は、使えるお金を持ちながらも、それをため込む、前向きな言い方をすれば、「堅実・しっかりもの女子」なのである。

ここまで、閲覧女子たちの「使う予定のないお金志向・堅実さ」をデータから見てきた。では、使うのでなければなぜ、そこまでお金にこだわりを持つのであろうか。一つの可能性として考えられるのは、消費の源泉としてのお金ではなく、自らの頑張りの「可視化ツール」として閲覧女子たちは、お金を捉えているのではないかという仮説である。もしこの仮説が成立するならば、少なくとも仕事に対する上昇志向は持っているはずだ。

これを検証するために、仕事に関する価値観のデータを精査してみたが、結論からいうと、閲覧女子は仕事で成果を出すために努力を重ねるタイプではなかったのである。

「出世を目指す」かを問う設問では、閲覧女子の肯定的回答は12・7%、フル活用女子は18・6%であった。また「仕事上必要な付き合いをするのか」についての設問では、閲覧女子の肯定的回答は30・3%、フル活用派は39・0%であり、いずれも閲覧女子のほうがその意向が弱い。

†「今ここ」を守るために

ただし、興味深いのが、閲覧女子のほうが仕事から感じるストレスを「しょうがない」と捉える傾向が強いということだ。「ストレスを抱えずに仕事をしたい」かを問う設問で、閲覧女子の肯定的回答は21・1%、フル活用派は31・2%である。

つまり、閲覧女子は、仕事においても人と協働しながら何か具体的な成果を目指す傾向は弱いが、同時にストレスフルな仕事の現状を受け入れ、その中で耐えながら仕事をしている「頑張り屋さん」ということになる。

閲覧女子もフル活用女子も「頑張り屋さん」ではあるのだろう。しかし、両者ではその頑張りの方向が違う。フル活用女子は頑張りが「前に進むため」のものであることが多いが、閲覧女子は「今ここ」を守るためのものであることが多いのだ。

†女性を見つめつつ、女性・ジェンダーに反発する

ここまで、人生の目標や消費を中心に閲覧女子の特徴をみてきたが、それとは少し視点を変えた閲覧女子を理解するためのポイントとして「ジェンダーに対する意識」を取り上

げる。

データ上、閲覧女子は「女性」としての意識や姿勢が強いわけではない。例えば、恋人の有無については、フル活用女子は42・5%恋人がいるが、閲覧女子は34・4%であり、8ポイントほど恋人がいる人が少ない。また、「女らしくふるまう」かどうかという設問では、肯定的な回答をした閲覧女子は2割ほどしかおらず、フル活用女子よりも10ポイント弱低い結果となっている。

こうしたデータをみると、閲覧女子はジェンダー的規範が弱い新しい世代の女性たちにも見えてくる。しかしながら、ジェンダーに関する政治的な意識に関する設問の結果をみてみると、否定的とまではいえないが、フル活用派と比べて、積極的に「女性活躍」や「ジェンダーフリー」を支持しない閲覧女子の姿がみえてくる。「女性の活躍推進政策(閲覧女子の支持57・9%、フル活用派の支持63・9%)」「同性婚の制度化(閲覧女子の支持52・2%、フル活用派の支持59・3%)」については、フル活用派と比べて、閲覧女子は肯定的意見が6〜7ポイントほど低いのだ。ちなみに、他の政策に関する賛否については、これらジェンダーに関わるもののような大きな違いはあまりみられない。

このようなジェンダーに関わる政策推進に積極的になれない傾向を閲覧女子が持つ背景

には、「ジェンダー（男性・女性）」という枠組みそのものへの反発があるのではないか。結婚も、現在の日本では従来的な意味でのジェンダーあってこそだ。そして、現在の女性活躍はどうしても「結婚して子どもを持った女性の活躍＝既存のジェンダーの枠組み内での勝ち組」が中心になりがちになる。第3章の「なりたい職業」分析で登場する「金融系」「エリート系」のような女性たちだ。しかし、彼女たちのような存在はむしろ女性の中では少数派で、多くの場合、なりたくてもなれない存在だ。

†自らを疎外する「正しさ」に耐える閲覧女子

少し踏み込んだ推測であるが、閲覧女子たちは、Instagramを閲覧しながら、画面の向こうと比べてリアルが充実していない自分を女性としての勝ち組ではないと認識しているのではないだろうか。だからこそ、正しいジェンダーの姿／ジェンダーに関するポリティカル・コレクトネス（政治的な正しさ・妥当性）という形で考えを押し付けてくるような政策を、重要性を理解しつつ、積極的に支持できない。そんな心理が生まれているのではないだろうか。

さらに、興味深いのがそれにもかかわらず最も「女性的」なメディア（＝Instagram）

を見続けていることだ。ある意味での、シニカルさと強いストレス耐性を持っている、我慢することに慣れたのが閲覧女子であると考えられる。

†勝ち馬に乗る女性を観察しながら「備え続ける」閲覧女子

クローズなお決まりのコミュニティの中で、積極的な「露出派」の情報を見続ける閲覧女子には、将来の目標や理想の消費の形など、具体的に信じるものがない傾向が強い。しかし、図表1-30のように閲覧女子は将来に対する何かしらの漠然とした不満や不安は抱えていて、それに対応するために、ストレスに耐え、少々シニカルになりながらも情報やお金を蓄え、いざというときに備え続けるある意味で「強い」女性たちである。

彼女たちは、攻めるよりも現状を守る女性たちであり、ゆえに今後の生活に関しても、ネガティブな傾向が強かったり、わからないと回答したりする者も多い。未だに根強い男性社会や、それに合わせる形で勝ち馬に乗ろうとする女性たちを、少々シニカルに追い続けている批判的な現代社会の観察者たちなのだ。

まとめ――SNSが生み出す女性の分断

ここまでの第1章では、Facebook、Twitter、Instagram そしてライブ配信、それぞれのSNSに集う人々が「いかに違うのか」を明らかにしてきた。

現状からの変化を望む女性たちは、オープンなSNS（進歩的な変化はFacebook、ままならない現実からの脱却はTwitter）を利用し、現状をそのまま受け入れている女性たちはクローズなSNS（InstagramやLINE）を利用する。また、内面的な充足を求める女性たちは覗き見る機能（Twitter 検索やInstagram 閲覧）を利用して、外面的な評価を求める女性たちは露出する機能（Facebook 投稿やInstagram ストーリーの投稿）を利用していた。

もちろんこうした棲み分けは、SNSの運営側が意図したものではない。現代を生きる女性たちが、それぞれのニーズや社会的状況を抱えながら、異なる特徴を持つSNSを利用・活用していくなかで、自然発生的に生まれてきたものである。

意図したものでないがゆえに、SNSの棲み分けは、運営者や誰か特定の人の意思によ

これからの生活には悲観的
図表１-30　家庭の生活が今後どうなっていくか（%）

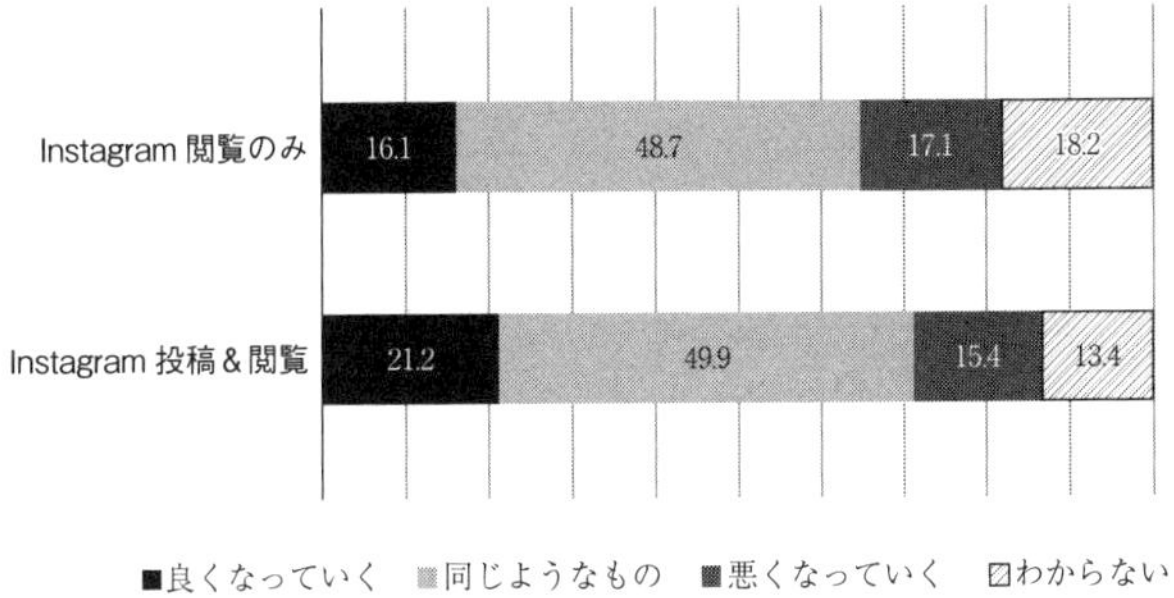

資料：カルチャースタディーズ研究所＋天笠邦一＋三菱総合研究所

っては変えがたく、むしろ、絶対的なものとなりやすい。無理やり変えようとすれば、利用者の離反が起こってしまう。現状では、SNSごとに異なる価値観やコミュニケーションのトーンとマナー（広告用語で「トンマナ」という）を共有する女性たちの快適な居場所＝共同体がそれぞれ築かれているのだ。

SNSで他者の中に自分を映す女性たち

従来から存在するメディア、特にマスメディアは、基本的には異なる背景を持つ人々をつなぎ合わせるものであった。「想像の共同体」という言葉をご存じだろうか。政治学者であるベネディクト・アンダーソンによって１９８３年に出版された書籍のタイトルだ。彼が指摘したのは、「国民」という想像の共同体が生まれる過程におけるマスメディアの役割だ。すなわち、出版を中心とするマスメディアが、国家単位で情報や言語を共有することを可能にしてはじめて「国民」という実体のない共同体が生まれたのだ。

翻って、SNSの利用者は、その利用の先にどんな共同体を見ているのであろうか。棲み分けられたSNSでは、少なくともその共同体は「国民」のような大規模なものにはならない。彼女たちが、SNSの先に見ているのは、社会的状況や価値観、規範など、具体的な文化を共有する、互いに容易に理解可能な人々の似た者同士の集団、もしくはある意味での「自分そのもの（自分と変わらない人々もしくは自分の理想像）」である。女性たちは、SNSを通して、他者の中に自分を映しながら、これでよいのだという小さな「正解」を見つけ、それを糧に歩んでいるのだ。

†見通しのきかない分断された世界へ

逆の言い方をすれば、コミュニケーションの基盤となるSNSが異なれば通用する正解は違うし、このそれぞれ異なる小さな正解は、ずっと交わらないということになる（交わると炎上が起こる）。だからこそ批判にさらされることがなく快適なのだが、世の中全体としてみると、実に「見通しの悪い社会」となってしまう。意識・努力して、様々なキャラクターを持ち、複数のSNSを掛け持ちしない限り、世の中の「俯瞰」や「相対化」ができなくなってしまうのだ。

書店に「〇〇するための方法」といったような「正解本」が並び、それが売れるのは、この社会の見通しの悪さが影響しているのではないだろうか。「小さな世界での限定的な正解」が、SNSの中の特定のコミュニティでは「正真正銘の正解」に見えてしまうのだ。現在のSNS社会では、それぞれのSNSの中に多様なコミュニティが築かれる傾向があるが、その各グループに埋め込まれたオピニオンリーダーは、構造的に一般のグループ構成メンバー以上に周りが見えなくなりがちなのだ。こうしたリーダーたちが著者や読者になる「正解本」はSNSが生みだす分断の象徴であるといえる。では、このような環境の中で、どうしたら私たちは見通しよく社会を、捉えることができるのであろうか。そこで重要になるのが、「現実世界」だと考えている。

†ネットと、現実世界との接点を改めて見つめなおす

冒頭で私は「ネットは、現実よりも広大になった!!」と述べた。ネットでの自己表現の方が、自由度が高く、より豊かになってきているからだ。しかし、こうして生まれる次世代を担うべき多様性は、ネット上では交わらない。唯一交わるのは、それが現実に持ち込まれ、対面的なコミュニケーションの中で表現されるときである。「現実（オフライン）」は、ネット（オンライン）空間が育て上げた多様性の調整の場所だと考えられる。ネットのほうが広大になりつつある今だからこそ、改めて「現実（オフライン）」の意義と価値に目を向けなければならない。

続く第2章、第3章（三浦さん担当）では、まず、この「現実（オフライン）」と「ネット（オンライン）」の接点となりうるアプリの利用について、考察をする。そして、最後に現実（オフライン）における価値観を象徴しやすい職業選択（なりたい職業）から、逆にSNSの利用について考えてみたい。

第2章

インスタ映え系、自己露出系、金融系、占い系

――アプリの使い方による女子の類型

三浦 展

近年「インスタ映《ば》え」のために消費をする女性が話題になったが、SNSなどのアプリを使いこなす女性たちを分析すると、もっと個性的な人々が浮かび上がってくる。自分の顔や身体をさらす「自己露出系」、人生に不満が多い「占い系」「マッチング系」、反対に着実に結婚、出産し、仕事をこなす「金融系」など、女性の学歴、年収、結婚などに対応して多様なアプリが使い分けられているのだ。

1 利用アプリごとに女子を分類する

†分析の方法

本調査では「あなたが、過去1カ月間にスマートフォンアプリを使って行った行動は以下のどれですか」と選択肢から複数回答で選ぶ形でたずねている。

選択肢は「おいしい食事やかわいい風景などインスタ映えする写真をInstagramに投稿する」「自分の顔が映った写真をInstagramやTwitter、Facebookに投稿する」

図表2－1　アプリ分野別の利用率（複数回答／%）

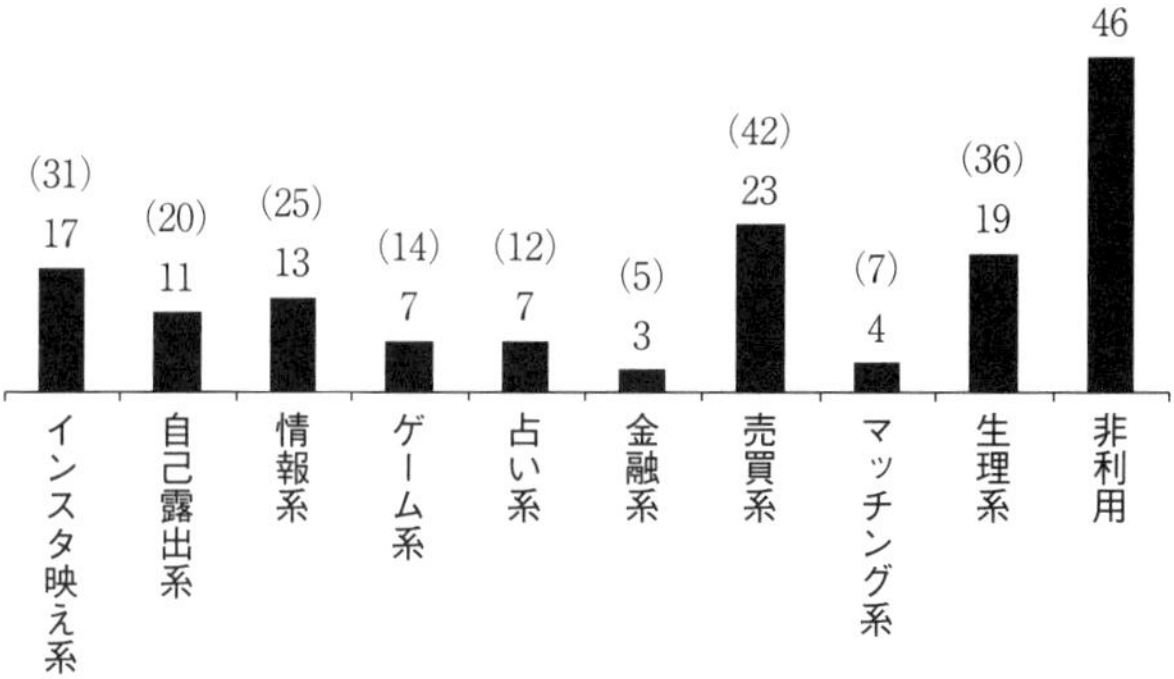

注：（　）内は「非利用」を除いた人数を分母とした%
資料：カルチャースタディーズ研究所＋天笠邦一＋三菱総合研究所

「Amazon Kindle や comico などの電子書籍アプリを使って本や漫画を読む」「ゲームアプリの中で、オンラインで他者と共同してプレイする」「Yahoo! 占いやLINE占いなどで占いを見る」「株や外貨、仮想通貨（例：ビットコイン）など金融商品を取引する」「メルカリなどのフリマアプリに商品を出品する」などがある（180頁資料参照）。

以下の分析では、それらの選択肢を似たもの同士を合わせて「インスタ映え系」「自己露出系」「情報系」「ゲーム系」「占い系」「金融系」「売買系」「マッチング系」「生理系」と分類して集計した（ただし「売買系」「生理系」は利用者が多いために傾向が全体平均と似てきて特徴が出にくいという理由で分析から外した。また「金融系」は利用者が少ないが特徴的な傾向が出るので分析に入れた。「マッチング系」も利用者が少ないが、特徴的な傾向が出るときだけ分析に入れた。なお「アプリをまったく使っていない」46％の人については集計から外した。46％の人が使っていないのは多すぎるという気もするが、過去1カ月間の利用をたずねたためと思われる）。

†利用アプリ分野の概要

分析する利用アプリ分野の特徴を簡単に述べておく。

インスタ映え系は、Instagram などのSNSを介してファッションコーディネートを検索するとか、食べに行くレストランを決める。またおいしい食事やかわいい風景などインスタ映えする写真をInstagram に投稿するなど、マスコミなどでインスタ映えを狙う女子として取り上げられるタイプである。

自己露出系は、自分の顔が映った写真をSNSに投稿したり、自分のファッションのコーディネートや料理のレシピや動画を投稿する人である。

情報系は Amazon Kindle などの電子書籍アプリを使って本や漫画を読むとか、Netflix などで映像を見る、Apple Music などで音楽を聴くなど、情報源としてアプリを使う人である。

ゲーム系は、ゲームアプリでゲームをする人。

占い系は、Yahoo!占いやLINE占いなどで占いをしたり、占い師に相談をする人。

金融系は、アプリを使って株や外貨、仮想通貨など金融商品の取引をする人。

マッチング系は、アプリを使ってパートナーを探したり、SNSを使って共通の趣味を持つ人と対面で会う人である。

なお、第2章、第3章では本文中の数値の表記を、原則的に小数点以下四捨五入としている。

2 インスタ映え系は普通っぽい女子力で勝負する

†インスタ映え系は女子力、モテ志向

以下ではまず、いわゆる「インスタ映え」によって消費を喚起していると言われている

「インスタ映え系」を分析する。

インスタ映え系女子は、一言で言えば、かわいい女子志向の強い人たちである。モテる女子でいたいタイプだと言える。全体の17％、「アプリ非利用」を除くと31％を占める多数派である。

たとえば「ネイルアートやまつ毛のエクステンション」「エステで脱毛する」「女らしくふるまう」「彼氏がいる」という人が多い。特に「脱毛」「女らしく」が多く、男性受けを考えるタイプ、「女子力」で勝負するタイプだと言える。まあ「ネイルアートやまつ毛のエクステンション」は「けばい」女性である可能性も高いが、インスタ映え系は必ずしもけばいタイプではないだろうと思われる（図表2-2、2-3）。

「クラシルなど、料理の動画サイトを利用する」も49％と多く、料理にも熱心なほうらしい（132頁コラム3参照）。家庭的な女性を志向しているとも言えるし、男性受けを狙っている面もあるだろう。

また「ネットの口コミなどをみて、評判の店に行ったり、食品を取り寄せたりする」人も40％、「衣類を購入する前に雑誌やＷｅｂサイト等で情報を収集する」人も51％と多く、他人の評判を参考にしながら消費をするタイプである。

インスタ映え系女子は女子力タイプ

図表2－2　利用アプリ分野別・行動

	ネイルアートやまつ毛のエクステンション（あてはまる＋ややあてはまる）	エステで脱毛する（あてはまる）	女らしくふるまう（あてはまる＋ややあてはまる）	彼氏がいる（未婚者）
インスタ映え系	23.7%	17.0%	31.4%	45.6%
自己露出系	23.8%	14.8%	29.1%	45.6%
情報系	14.5%	13.3%	23.9%	33.5%
ゲーム系	14.5%	10.0%	24.6%	34.0%
占い系	18.1%	14.6%	27.5%	41.7%
金融系	15.7%	17.0%	25.0%	42.7%

インスタ映え系女子は評判を参考にして消費する

図表2－3　料理動画サイトやファッション情報への態度

	クラシルなど、料理の動画サイトを利用する		衣類を購入する前に雑誌やWebサイト等で情報を収集する	
	あてはまる	ややあてはまる	あてはまる	ややあてはまる
インスタ映え系	22.2%	26.6%	15.6%	35.2%
自己露出系	22.4%	23.1%	11.3%	27.8%
情報系	17.0%	21.6%	12.6%	27.2%
ゲーム系	14.2%	18.9%	10.7%	26.1%
占い系	14.6%	25.8%	12.9%	26.9%
金融系	11.9%	27.7%	9.4%	28.9%

資料：カルチャースタディーズ研究所＋天笠邦一＋三菱総合研究所

そういう意味では企業がインスタ映えを狙ってマーケティングするときに想定する典型的な女性だと言える。

言い換えれば、男性受けがよくて、企業から見て想定内の女性像だからこそ、インスタ映え系女子がもてはやされるのだ。彼女たちはおそらく、昔からいる「花のＯＬ」の流れを汲むタイプであり、「かわいい」を連発し、ちょっとしたことにキャピキャピよろこぶ女性たちだろう。キラキラを好み、ゆるふわのファッションをしていることも多いものと思われる。

そういう女子を、男性はなかば呆れて見ながらも、なかばやはり好むのである。だからインスタ映え系女子をテレビで話題にすれば、おそらく視聴率が上がるのだろう。

だが、インスタ映え系だけが現代の女性ではない。インスタ映え系は、Instagram を使うから新しそうに見えるが、昔なら雑誌をネタに同じようなことをしていただけのことであろう。しかも、そういうタイプの女性は近年確実に減少してきたはずである。ＳＮＳによって増殖したのは、むしろ「３」で見る自己露出系であろう（１３４頁）。

†インスタ映え系は普通のOL風、金融系はロハス志向も

また、インスタ映え系は昔ながらのOLタイプという傾向は、どういう旅行が好きかという問いに対する回答からもわかる（図表2-4）。インスタ映え系と金融系に特徴があったので、その二つだけでグラフにしているが、インスタ映え系は特に「買い物」「テーマパーク」が多い。

対して金融系が求める旅行を見ると、「美術館や博物館」「名所・旧跡・遺跡を訪れる」などの文化的観光が多く、また「グリーンツーリズム」「土地の人との交流」「スポーツ生観戦」「登山、山歩き」が多い。いわゆるロハス的な旅行を求めている。

そういえば、私のまわりに大手証券会社に勤める30代前半の女性がいるが、休みを取ってはマチュピチュやらフィンランドでオーロラを見るやらの旅行に出かけている。

十数年前アメリカで『Bobos in Paradise』（ボボズはボヘミアン・ブルジョワジーの略。お金はあるが貧乏な自由人のように生きる人）という本が出て、日本でも翻訳されたが、ボボズの典型はウォール街で働くビジネスマンであり、休日はロッキー山脈に登って崇高な大自然を感じたいという過ごし方をする人たちであった。日頃パソコンに向かって数字だけ

インスタ映え系はテーマパーク、金融系はロハス
図表2-4　主な利用アプリ分野別・求める旅行の種類

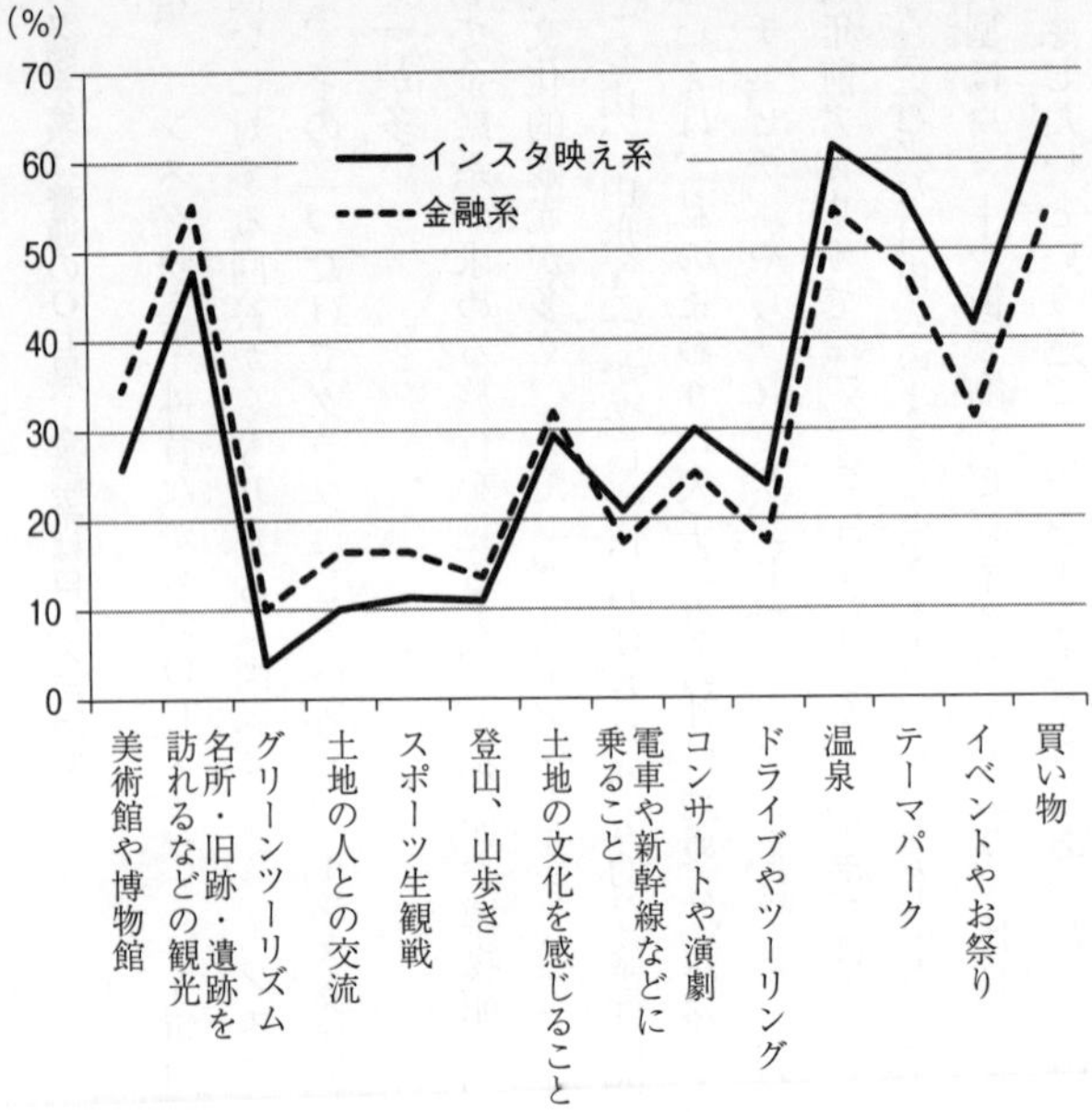

資料：カルチャースタディーズ研究所＋天笠邦一＋三菱総合研究所

インスタ映え系女子の職業は医療・福祉が多い

図表2－5　利用アプリ分野別・就業分野

	医療・福祉	不動産・建物サービス	レジャー関連サービス（ホテル・映画館含む）	金融・保険・証券	情報処理・情報サービス	外食・飲食サービス
インスタ映え系	**17.2%**	3.0%	3.9%	6.3%	4.0%	6.9%
自己露出系	14.2%	1.9%	5.1%	5.1%	4.0%	7.5%
情報系	10.7%	1.2%	4.7%	2.8%	6.3%	7.0%
ゲーム系	10.0%	0.4%	2.5%	5.4%	5.8%	5.8%
占い系	10.7%	2.4%	1.6%	4.8%	4.0%	6.3%
金融系	8.0%	0.9%	4.4%	**13.3%**	**8.0%**	4.4%

資料：カルチャースタディーズ研究所＋天笠邦一＋三菱総合研究所

を追いかけているので、休日には正反対の大自然に触れたくなるのであろう。

また職業を見ると、インスタ映え系女子の現在の仕事の業種は医療・福祉が17％と多い（図表2－5）。仕事の面でも事務職をしている人が多いのではないかと思われる。不動産・建物サービスや金融・保険・証券も多めであるが、接客・窓口業務を担当しているのではないかというイメージだ。医療・福祉、不動産、金融・保険の仕事が、全国どの地域に行っても求人のある仕事であることも、「普通」の女性的であるインスタ映え系にとっては魅力なのであろう。

対して金融系の勧める職業は、当然だが金融・保険・証券が多く、情報処理・情報サービスも多い。金融とITだから、最も先端的で稼げる仕事であるとも言える。

コラム3　レシピ動画サイト（kurashiruなど）とは？（天笠）

「ネットで料理のレシピ？　あぁ、クックパッドだよね。知ってる知ってる」と思った方、ちょっと古いです（クックパッドも老舗のサービスで、良いサービスだと思う）。今、若い女性はレシピを調べる時に、「kurashiru」や「DELISH KITCHEN」といったレシピ「動画」サービスを利用することが多いのだ。

これらのレシピ動画サービスにはある程度のフォーマットができているので、クラシルを例に説明してみよう。

出典：「鶏ひき肉と大葉のしいたけシュウマイ」（kurashiru）https://www.kurashiru.com/recipes/3b4befc1-4539-41d2-ad39-94312070c09f

現在のレシピ動画サービスを見たことがない方は「キユーピー3分クッキング」のような、料理の先生が出てきて、料理の仕方を丁寧に説明していく形式をイメージする方も多いだろう。

しかし、流行りのレシピ動画サービスには、そもそも「人」が出てこない。右画像のように、調理の作業を正方形のフレームでひたすら真上のアングルから撮影し続け、それを一工程数秒ごとに切り抜き編集している。非常にコンパクトな編集になっているので、どんなに難しい料理でも1分程度の動画で調理が完了してしまう。

このような工夫により、動画を見ていると、どんな料理も簡単に作れるように思えてしまう。我が家では、料理は主に私の担当なのだが、たまに連れ合いから「これつくって！」とレシピ動画のURLが送られてくる。「動画では簡単そうに見えるけど、いやいや、結構大変だから、労力考えてよ……」と愚痴を言いたくなったことも多い(笑)。

また、もう一つ特徴的なのが、調理の工程しか映さないため、料理自体に注目しやすいということだ。非常に美しい画像で編集されているため、見ていると純粋に「この料理を食べたいという衝動」が増してくるのだ。「作らないけど、夜一人でkurashiru・DELISH KITCHENを見るのが趣味」という学生も多い。いわばレシピ動画サイトは、レシピという料理の作り手に向けたコンテンツを発信しているようで、実はそれを消費する人の方を向いた、欲求を喚起し、消費を豊かにする「映え」系サービスなのである。

3 自己露出系女子はハロウィンで上流意識をアピールする

†自己露出系は結婚が早い

「自分の顔が映った写真をInstagramやTwitter、Facebookに投稿する」などのSNSの使い方をする「自己露出系」は、インスタ映え系と似ているところもあるが、よりアクティブで外向的で消費志向も強い。

また自己露出系は若いときから未婚率が低い（既婚者が多い）。25―29歳で未婚が43％しかない（図表2-6）。自分をアピールするタイプなので、男性に対して積極的であり、結婚が早いのだろう。また夫がいれば夫と一緒の姿を、子どもがいれば子どもと一緒の姿を写真でアップするという行動も多いのであろう。

対して、マッチング系は25―29歳で既婚が26％だけである。おそらくマッチング系は、最適な相手を選ぼうとして悩んでいる間に後れをとるタイプである。「いい男性」は自己

マッチング系、占い系は35-39歳での未婚率が高い

図表2-6　利用アプリ分野別・年齢別の未婚率

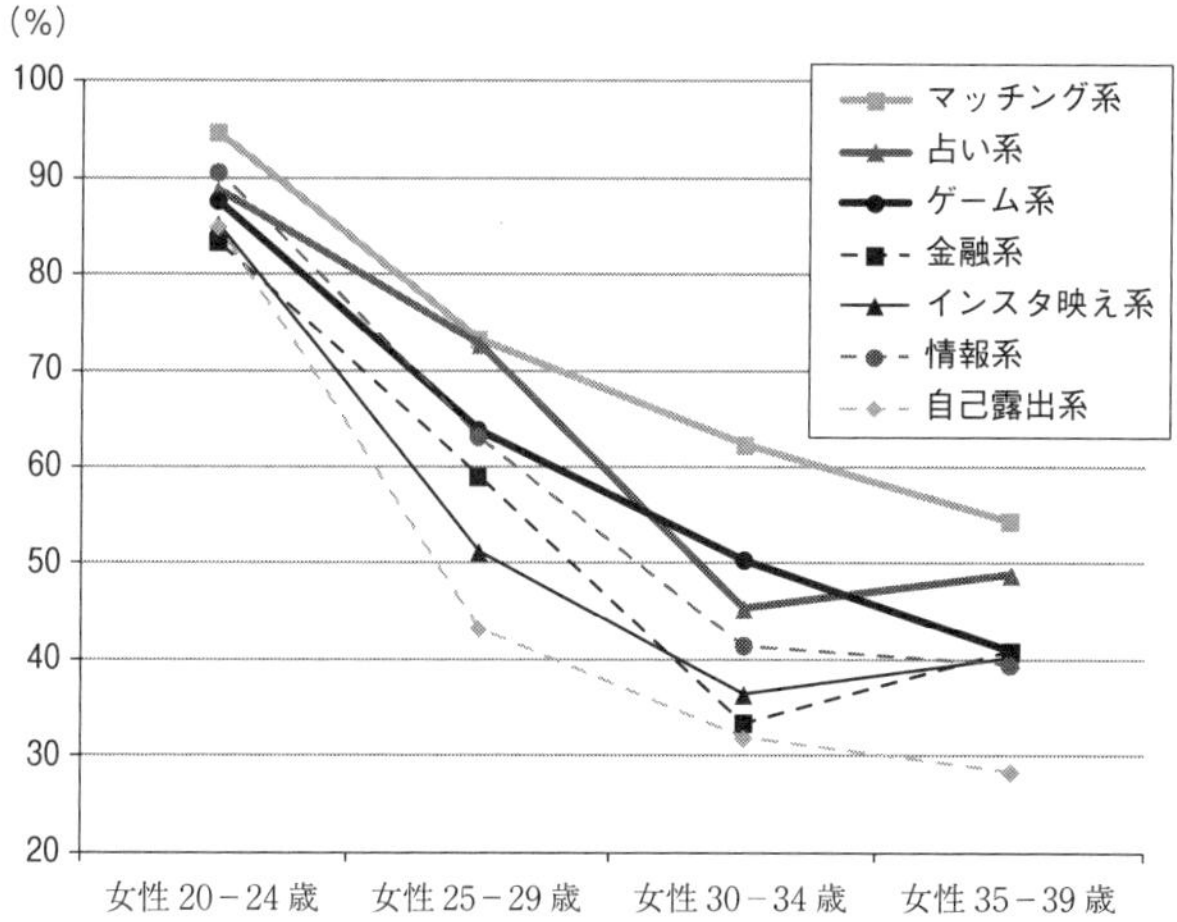

資料：カルチャースタディーズ研究所＋天笠邦一＋三菱総合研究所

露出系やインスタ映え系に先に取られてしまうのだ。

いや、そもそも、マッチング系は一般的な「いい男性」ではなく、自分にとっての最適な男性を求めるものと思われ、そのために結婚が遅くなるのかもしれない。だが、彼女たちにとって最適な男性もまた、インスタ映え系のような女子力のある女性や、自己露出系のような積極的な女性が先にゲットしてしまうのであろう。

マッチング系の他にも、占い系、ゲーム系、情報系は未婚率が高い。また占い系はマッチング系同様35

―39歳での未婚率が高い。さらに（図にはないが）占い系とマッチング系は離別率も3％前後と高い。

マッチング系や占い系は未婚や離別が多いから将来を占ってマッチングアプリや占いアプリを使うのだろうが、ゲーム系、情報系は、いわゆる「おたく」的な女性や知的な女性が多く、そのため男性受けがしないのであろうかと推察される。逆に言えば、男性受けがしないから、あるいはそもそも男性にあまり興味がないからゲームや情報に関心が向かうという人もいるだろう。

†自己露出系は男性に経済力を求める

また自己露出系は結婚相手に求めるものとして「経済力」が最も重要だという人の割合が26％と高い。「性格」や「価値観が同じ」ことも大事だが、それと同じくらい高いのだ（図表2-7）。

対して金融系は自分で稼げる女性だからだろうが、「性格」をとても重視しており（39％）、「経済力」は15％しかない。

ゲーム系、インスタ映え系、情報系も「経済力」重視は少なく、価値観が同じことを最

自己露出系は男性に経済力を求める

図表2-7　結婚相手に求めるもの（最も重要なもの）

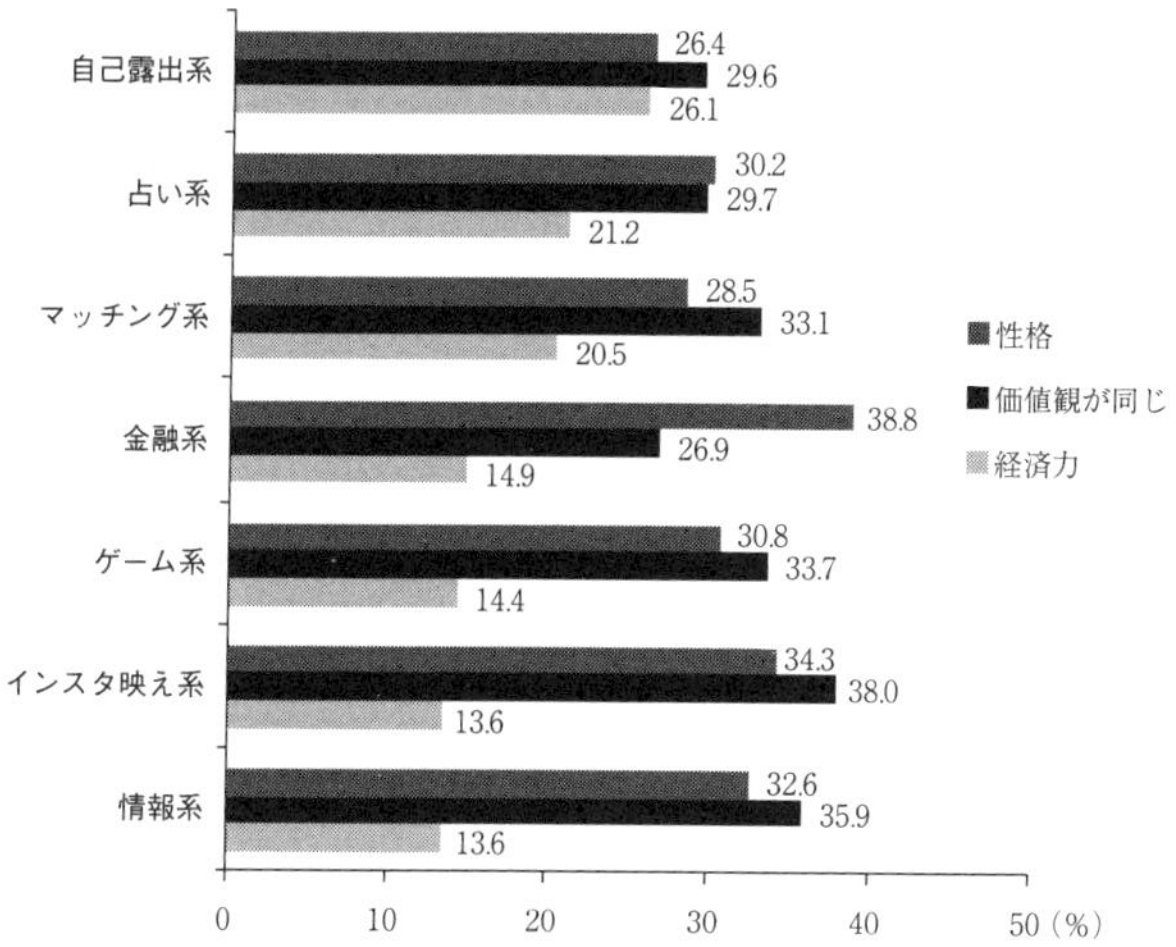

資料：カルチャースタディーズ研究所＋天笠邦一＋三菱総合研究所

重視する。

マッチング系と占い系も「性格」や「価値観が同じ」ことを重視するが、「経済力」重視が少ないわけではない。言い換えれば占い系やマッチング系は男性に求める条件が多い、あるいはどれが最重要かがはっきりしないタイプなのだろう。

だから、マッチング系はあれもだめ、これもだめ、これを立てればあちらが立たずと迷っている間に結婚が遅れるし、占い系は結婚はするが、もっといい選択があったはずではないかと思って占いをするのであろう。

†自己露出系は消費好きでセックスアピール系

自己露出系は、かなり派手なタイプである。先ほど見たように「ネイルアートやまつ毛のエクステンション」をする人が多い（127頁、図表2-2）。「エステで痩身、美白を行なう」「美容整形手術をする」も多めである（図表2-8）。

「痩身・美白」については金融系でも多いが、たしかに現代のビジネスパーソンは男女問わずスタイルが良い。肥った人間は自己管理できない、仕事もできないと見なすアメリカ的価値観が普及したせいであろう。

「整形」については占い系でも多いのが興味深いが、これは最近、人相を変えることで運を良くするための整形が流行《はや》っていることと関連しているかもしれない。

また自己露出系は、ブランド品の直営店や駅ビル、ショッピングセンター、あるいはファッションビルやセレクトショップを利用する頻度が高い。要するに彼女たちはセックスアピール系だと言える（図表2-9）。

また「友人を招いてホームパーティを開く」人も多く、16％が「あてはまる」または

自己露出系は外見重視で消費、ファッションが好き

図表2－8　利用アプリ分野別・美容行動

	エステで痩身、美白を行なう		美容整形手術をする	
	あてはまる	ややあてはまる	あてはまる	ややあてはまる
インスタ映え系	3.5%	5.9%	2.0%	3.7%
自己露出系	3.4%	**8.1%**	3.4%	**7.9%**
情報系	3.3%	4.3%	1.8%	2.8%
ゲーム系	3.2%	7.2%	2.5%	5.0%
占い系	4.4%	8.8%	3.3%	5.5%
金融系	**6.3%**	6.9%	3.1%	5.7%

図表2－9　利用アプリ分野別・各種店舗を月数回以上利用する頻度

	ブランド直営店	駅ビル	ショッピングセンター	ファッションビルやセレクトショップ
インスタ映え系	14.5%	30.6%	52.3%	22.8%
自己露出系	**23.1%**	**37.2%**	**59.4%**	**30.6%**
情報系	10.7%	25.1%	43.4%	15.5%
ゲーム系	14.7%	30.9%	51.7%	20.6%
占い系	19.8%	31.6%	56.3%	27.6%
金融系	19.6%	29.6%	40.9%	22.6%

図表2－10　利用アプリ分野別・友人を招いてホームパーティを開く

	あてはまる	ややあてはまる
インスタ映え系	4.1%	8.7%
自己露出系	3.4%	**12.8%**
情報系	1.8%	8.0%
ゲーム系	3.2%	7.5%
占い系	3.3%	9.6%
金融系	3.8%	**14.5%**

資料：カルチャースタディーズ研究所＋天笠邦一＋三菱総合研究所

「ややあてはまる」と答えている（図表2-10）。パーティは自分を含めた参加者をインスタなどにアップする、まさに絶好のシーンだからだろう。金融系もパーティをする人が多いが、これは人脈づくりという意味もあるからだろう。

†勝ち組の自己露出系こそがハロウィンの主役

まさに自己露出の場であるハロウィンへの参加についても、自己露出系女子の参加率が17％と高い。

利用アプリ分野と学歴と配偶関係をクロスすると、自己露出系の短大・高専卒の未婚者は28％もの人がハロウィンに参加している。四大卒では22％である。未婚で短大・高専卒の女性というと、渋谷などでハロウィンで盛り上がる人たちのイメージである。

また年収とクロスすると、未婚で年収300～400万円未満の自己露出系はハロウィン参加率が27％と高い。高学歴でなくても比較的年収の高い人がハロウィンに参加しやすい。配偶関係にかかわらず、年収別では300万円、400万円以上の自己露出系で参加率が25％以上である（図表2-11。400万円って少なくない？　と思うかも知れないが、東京などの大都市では年収400万円以上の女性はざらにいるが、地方では男性でも400万円以上

年収が高いほどハロウィンに参加する
図表２-11　自己露出系の年収別・ハロウィン参加率

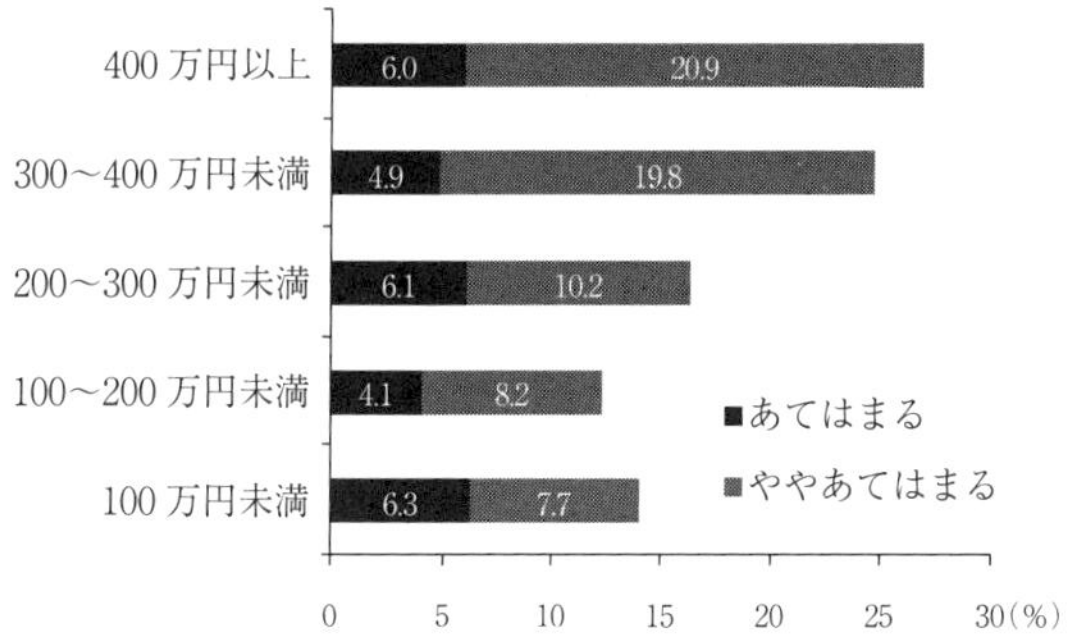

資料：カルチャースタディーズ研究所＋天笠邦一＋三菱総合研究所

の人は少ない。本調査は全国調査なので、女性で４００万円以上というのは、そうとう稼いでいる人たちである。また、東京圏でも、４００万円というのは一人暮らしが余裕を持ってできる年収であり、実際、実家を離れる年収ラインである）。

さらに既婚で四大卒で年収４００万円以上の自己露出系は33％が参加している（未婚の四大卒の４００万円以上は20％）。そして既婚で年収４００万円以上で子どもがいない自己露出系は40％が参加している（サンプル数15人）。このように年収４００万円以上であることが、ハロウィン参加率が高まる基本条件になっている。

また、既婚で四大卒以上で（自分の年収と子どもの有無にかかわらず）夫の年収が１０００万円以上の自己露出系は50％が参加しているの

だ‼（サンプル数10人）

サンプル数がどんどん減っていくのでそれだけ統計的有意性は薄れていくが、同じ属性のサンプルを絞り込んでいった結果なので、既婚で四大卒で年収400万円以上とか、夫が1000万円以上だとかいった属性を持った、いわゆる勝ち組、パワーカップル的な自己露出系こそが、ハロウィンで最も盛り上がるタイプの一つの類型であるとほぼ断言してよかろう。渋谷で毎年ハロウィンに大騒ぎをする若者とはまたかなり違う属性なのである。

そもそも女性の個人年収別に利用アプリ分野の割合を見ると、自己露出系は年収が1000万円未満で少なく、400万円以上で急増するという傾向が顕著である（図表2-12）。金融系もやや似た傾向がある。当たり前だがお金があるほうがないよりもSNS上に露出すべき生活が実現できる。年収が高まることで自己露出系というタイプが増えるのである。そしてそういう自己露出系の自己顕示欲を満たす手段の一つがハロウィンなのである！

また、利用アプリ分野別に階層意識を見ると、自己露出系は年収400万円以上において上流意識を持つ人が45％と非常に多い（図表2-13）。年収が高いほど上流が増えるのは当然だが、金融系では年収400万円以上でも上流意識を持つ人は29％しかない。自己露出系においては年収と階層意識の相関が激しいのである。

自己露出系は年収が低い人で少なく、高い人で多い

図表２-12　個人年収別・利用アプリ分野

	インスタ映え系	自己露出系	情報系	ゲーム系	占い系	金融系	マッチング系
100万円未満	25.8%	**14.7%**	20.9%	12.9%	13.4%	3.4%	9.8%
100〜200万円未満	31.4%	22.7%	22.9%	10.8%	15.9%	3.7%	6.8%
200〜300万円未満	41.2%	23.4%	26.4%	15.4%	15.9%	4.4%	11.3%
300〜400万円未満	35.8%	22.0%	24.6%	14.7%	12.5%	8.6%	12.5%
400万円以上	32.0%	**27.6%**	34.0%	16.3%	14.8%	**19.7%**	10.8%

自己露出系は上流意識を持つ人が多い

図表２-13　利用アプリ分野別・階層意識（個人年収400万円以上の女性／%）

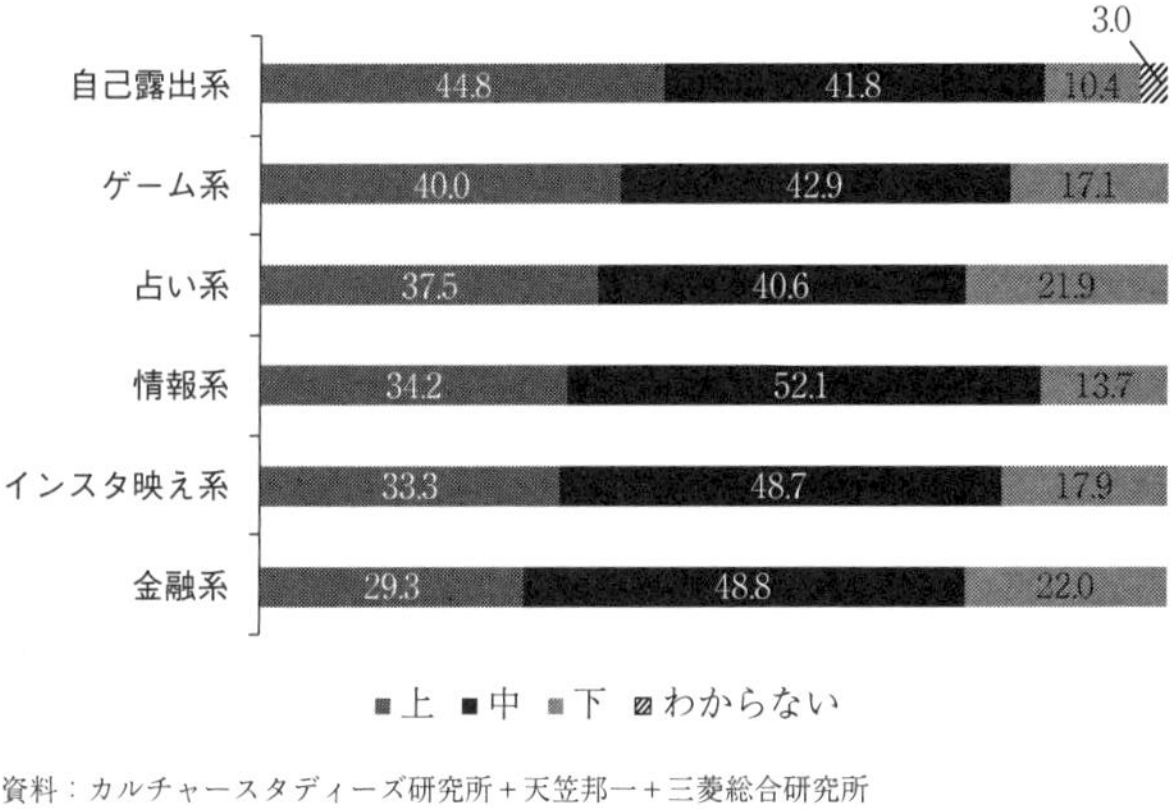

資料：カルチャースタディーズ研究所＋天笠邦一＋三菱総合研究所

ここまで見てきたように、自己露出系のハロウィン参加率は未婚の短大・高専卒と既婚の四大卒以上で高いが、いずれも年収が高いほうが参加率が高い。つまり、自分の経済力のみならず、できれば年収の高い夫も手に入れ、おそらく容姿においても買う洋服においても欲しい物を手に入れることで、自分が露出に値する存在であるという自己評価が高まったとき、自己露出系の女性たちは上流意識を感じると言えるのだろう。

コラム4　自己露出系女子インタビュー（三浦）

及川秀美さん（35歳　職業／ポールダンサー）

ずっとダンスが好きだった

ポールダンスとは、細長い金属のポールを軸にして、スピン・倒立など機械体操のような技を組み合わせたダンスである。及川さんはそのポールダンサーになって7年目。ダンスの様子などをインスタグラムに毎日数回アップする。それによって新しい仕事の引き合いが来るからである。

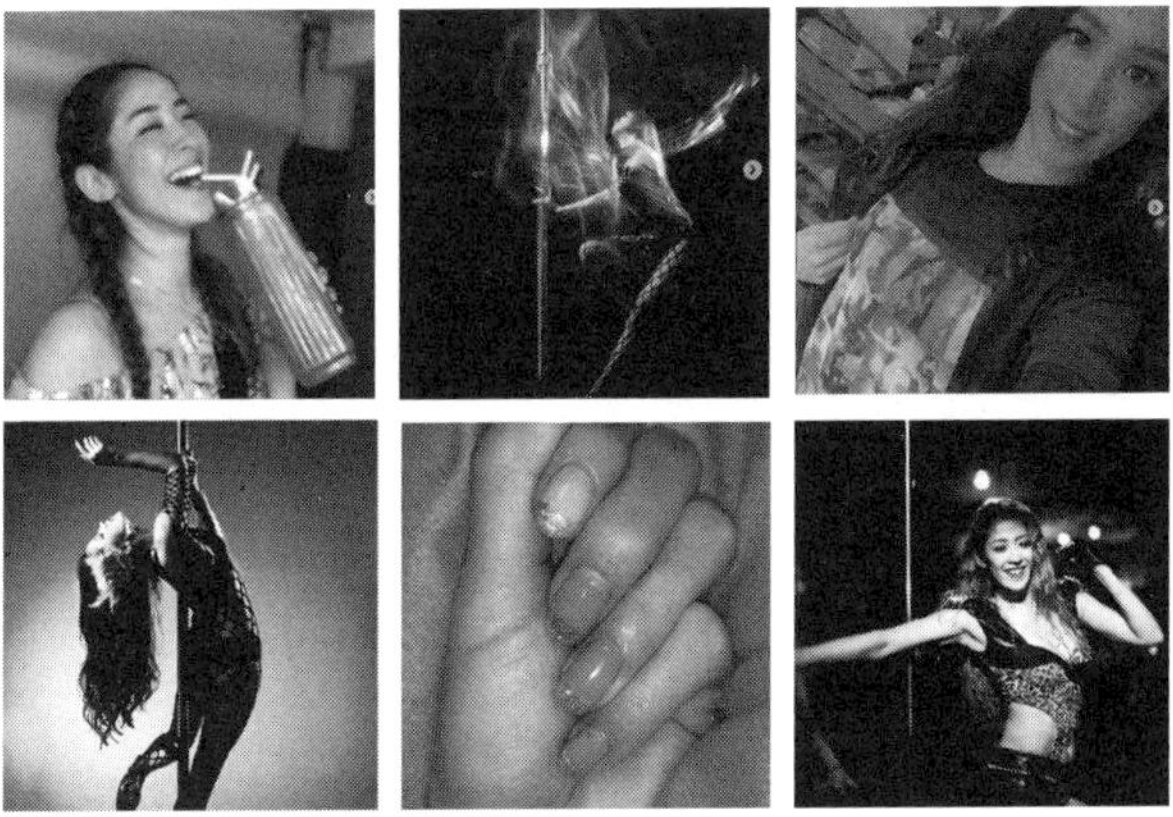

写真提供／Hidemi Oikawa（hidemi_blackrose-Instagram）

小学生時代からダンスが好きだった。95年にデビューして一世を風靡《ふうび》した女子ダンス・ボーカルグループのSPEEDは同世代だし、安室奈美恵がソロになる前に所属していたダンスユニットのSUPER MONKEY'S、そこから派生したＭＡＸなどに憧れた。２０１８年に再ブレークしたDA PUMPも好きだった。ミュージカルの「アニー」に出たくてオーディションを受けたこともある。

高校時代はバスケをしていたが、ダンスを仕事にする夢はずっと持っていた。

「でも母が、絶対ダンスなんてダメ。手に職をつけろって。それで東京の柔道整復師の専門学校に進んで資格を取り、接骨院で7年働きました。スポーツトレーナーという道もあったんですが、スポーツトレーナーはけっこうお金にならない。整復師のほうが堅いんですね」

　接骨院ではおじいちゃんたちに評判がよかった。そりゃそうだろう。

「人とふれあう仕事が好きなんですね。患者さんとまっすぐ向き合うのが好き」

　その後マッサージ屋でも働いたが、その間ずっとダンスの学校に通った。ジャズダンス、ヒップホップ、バレエなどを、みっちり学んだ。

自分が主役でお客さんと向かい合えるのが快感

　あるとき、キャバレーのダンスの仕事を頼まれて現場に行くとポールがあった。ポールダンサーと普通のダンサーは違う人だった。「でも両方できればいいんじゃない？」と思い、ポールダンスを学ぶことにした。今では首都圏中のキャバレー、イベントなどで忙しい日々だ。週3回は、自分がインストラクターになってポールダンスを教える。

　ポールダンスにハマった理由は何なのか。

「ダンススタジオの同期には安室や浜崎あゆみ、倖田來未《こうだくみ》などのメジャーな人たちの後ろで踊るバックダンサーになって、けっこう高いギャラを取っている人もいるけど、私は集団の中の一人として踊るより、自分だけで踊りたい。体一つで、自分が主役で、お客さんの目の前で自己表現するのが快感」だという。

　ダンスのBGMも自分でつくる。YouTube、iTunes、LINE MUSICなどから、今週の新曲を聴いたり、「ダンス　恋」「泣ける」「スイング」などで検索して、今度の自分のダンスに合う曲をダウンロードして、パソコンで曲をつなげる。

　衣装も自分でリメイクする。サイズを調整したり、少し派手にしてみたり。同僚の衣装もつくってあげたりする。人の面倒を見るのは好きみたいだという。

　だから「生徒に教えるのも好き。生徒の個性によって同じ言葉では伝わらないので、言い方を変える、言葉を変える、それで生徒がコツをつかんでくれるとうれしいし。自分も先生や同僚からそうやって学んできたし」。

インスタには工夫に工夫を重ねて画像をアップする

「インスタはもう出てきてすぐくらいから使い始めました。それまではFacebookだったけど、今はキラキラ系はインスタで、それはFacebookにも連動するんだけど、Facebookにはダンス以外のことも載せるようにして。Twitterは出演する店のイベント告知情報とかをリツイートするだけですね。

　インスタも最初は無造作に載せていたんだけど、友人などから、それじゃダメよ、もっと工夫しなくちゃって言われて、今はちょっとエロくしたり（笑）。ダンサー仲間と一緒に写した写真も、全員の許可を取って、全員の顔を加工して、きれいにして載せる（笑）。実際それで仕事がきたり、この前一緒に写ってたあの子も今度一緒に来て踊ってよとか、営業につながるので。

（Instagram の）ストーリーは自分の素の姿をアップするようにしてます。私は一見きつく見えるので、気さくな感じに見えるように、ゲラゲラ笑っているところを載せたり。ハロウィン、クリスマスの時期は、その月はそれにちなんだ衣装で仕事することも多いので、衣装を着た写真をアップすることも多いです。ＳＮＯＷというカメラアプリとかを使って、結構頻繁にアップします」

いろいろ工夫に工夫を重ねた上で戦略的に多面的な自己を露出していることに、おじさんである三浦は感心する。

女らしくしたいし、結婚もしたい

インスタで彼女のダンスや体を見ると、顔が小さいのに、意外にグラマーだ。腹筋が割れていたりしない。

「腹筋が割れた女子って、あんまり好きじゃない。私も本当は筋肉はあるんだけど、ポールダンスの場合、やっぱり女らしさが必要なんで、脂肪をある程度つけたほうがいい」と言う。一見似ているボディ系女子、筋肉女子と自己露出系には微妙な価値観の違いがあるようだ。

ところで将来にはどういう展望を持っているのか？

「ダンスを極めるっていう目標があるわけではないですねえ。親は、31～32歳ごろまでは、ちゃんと就職しろ、結婚はまだかって言っていたけど、もうあきらめたみたい。でも私は結婚はしたいし、子どもも産みたい。もし結婚したらダンサーはやめてもいいと思っています。ただし35歳になると、つきあうと絶対結婚を迫られるなって男性のほうも思って引いちゃうので（笑）。体力的にもなかなか年をとるとダンスは難しいし、40代になったら整復師に戻ろうかとも思ってます。母の言うとおり手に職があってよかったです」

結婚相手の男性に求めるものとしては、「昔はまず価値観、性格、次に経済力でしたが、今は経済力が一番かな。人間息を吸う以外全てお金がかかるなって最近つくづく思うんですｗ。今は年収４００万円くらいですが、もしも今後子どもができた時、普通に家族旅行とかって楽しめるかなと不安。お金はないよりあった方が絶対いいですねｗ」。

及川さんは、きれいな、スタイルの良いママの姿もとても似合いそうだなあと思った。

4　金融系女子は堅実に蓄財する

†金融系はパワーカップル志向

金融系アプリを使う女性は、すべてを手に入れようとする意欲に満ちている。

先に見たように職業も金融系が多く、またＩＴ系も多い。現代の最先端の仕事をする女性だと言える。

学歴は四年制大卒が59％であり、修士以上を合計すると65％である（図表2-14）。よって年収が高い。年収４００万円以上が36％であり、６００万円以上も10％いる。

にもかかわらず、というか、だからこそ、金融系女子は30－34歳での既婚率が67％と高い。既婚者で子どものいる割合も66％と高い。未婚で合コンをする割合も高い（図表2-15）。対してゲーム系女子の夫の年収は３００万円未満が25％もおり、格差が激しい。

既婚の場合、夫の年収も学歴も高い。年収は５００万円以上が52％であり、７００万円以上でも16%であり、他より突出して多い（図表2-16）。学歴は四年制大卒が65%であり、修士、博士を合計すると75%である。

つまり高学歴、高年収の「パワーカップル」になりやすいのが金融系女子なのである。結果、金融系女子は、生活全般への満足度も高く、62%が満足している。そして将来の生活について「とても不安」だという人は13%と少ない（図表2-17）。

金融系女子は株や仮想通貨の取引をアプリで行う

女性の年収が高いと結婚しにくいというのは嘘

読者の中には、ここまで読んできて、年収の高い金融系の女性が結婚もしているのは不思議だと思われる人がいるかもしれない。これまでの常識では、年収が高い女性、あるいは学歴が高い女性は結婚が遅い、もっと昔なら結婚をしないと思われていたからである。

今でもそうした「常識」は根強く、若い女性社員が過労死自殺したのと似たようなクラスの某広告代理店の独身者研究をするらしいシンクタンクの所長（男性）は、年収の高い女性は結

金融系女子は高学歴

図表２−14　利用アプリ分野別・女性の学歴

	四年制大学卒	修士課程修了	博士課程修了・単位取得退学
インスタ映え系	44.6%	1.2%	0.3%
自己露出系	40.3%	2.5%	0.3%
情報系	40.5%	3.0%	0.4%
ゲーム系	34.6%	3.2%	0.7%
占い系	38.2%	1.4%	0.8%
金融系	**59.1%**	**4.4%**	**1.3%**

金融系と自己露出系は結婚が早く子どももいる

図表２−15　利用アプリ分野別・結婚と婚活の状況

	30-34歳既婚率	既婚者で子どもがいる割合	未婚で結婚や交際相手を探すために合コンに参加する割合
インスタ映え系	60.9%	61.3%	14.3%
自己露出系	**65.2%**	**64.4%**	13.4%
情報系	56.0%	58.7%	7.3%
ゲーム系	47.9%	64.3%	9.1%
占い系	50.6%	60.5%	13.1%
金融系	**66.7%**	**66.3%**	**20.0%**
マッチング系	29.2%	60.4%	16.7%

金融系女子の夫は年収が高い

図表２−16　利用アプリ分野別・既婚女性の夫の年収

	300万円未満	300〜500万円未満	500〜700万円未満	700〜1000万円未満	1000万円以上	わからない
インスタ映え系	13.1%	42.0%	23.5%	9.2%	3.8%	8.5%
自己露出系	17.8%	40.6%	22.8%	8.7%	3.7%	6.4%
情報系	13.0%	41.7%	26.0%	7.7%	3.3%	8.3%
ゲーム系	**25.3%**	31.2%	22.7%	7.8%	5.8%	7.1%
占い系	19.4%	33.1%	29.0%	2.4%	5.6%	10.5%
金融系	6.0%	38.6%	**36.1%**	**6.0%**	**9.6%**	3.6%

婚しにくいという記事を経済ネットメディアに書いて悦に入っているほどである。

広告代理店の人間は昔から数字を解釈する能力が低いが、そもそも年収の高い女性でも結婚して一旦仕事を辞める、派遣社員などになる、あるいは育休をとって年収が下がるなどのことはある。だから結婚した女性の年収は低いように見える。だがそれは、結婚前の彼女の年収が低いことを意味しない。

そこで、同時に行ったｍｉｆ（三菱総合研究所「生活者市場予測システム」）の調査によって20代から60代の正社員、公務員、会社・団体の代表者・役員の女性２８９４人の既婚率を年齢別・年収別に集計してみよう。すると図表２‐18のようになる。

20～30代で既婚率の高いのは年収２００万円未満と５００万円以上である。40代以降では２００万円未満の既婚率が上昇を続けるが、５００万円以上もやはり上昇を続ける。３００～５００万円未満も60代で上昇する。対して２００～３００万円未満では

金融系女子は生活に満足し
将来に不安がない

図表２‐17　利用アプリ分野別・生活全般への満足と将来への不安

	生活全般に満足＋どちらかといえば満足	将来の生活にとても不安がある
インスタ映え系	54.3%	20.4%
自己露出系	56.3%	20.4%
情報系	47.7%	26.4%
ゲーム系	43.3%	31.1%
占い系	42.9%	27.7%
金融系	**61.6%**	**13.2%**

資料：カルチャースタディーズ研究所＋天笠邦一＋三菱総合研究所

年収が高い正社員女性は結婚が遅いわけではない

図表2-18　女性正社員・役員・公務員の年収別既婚率

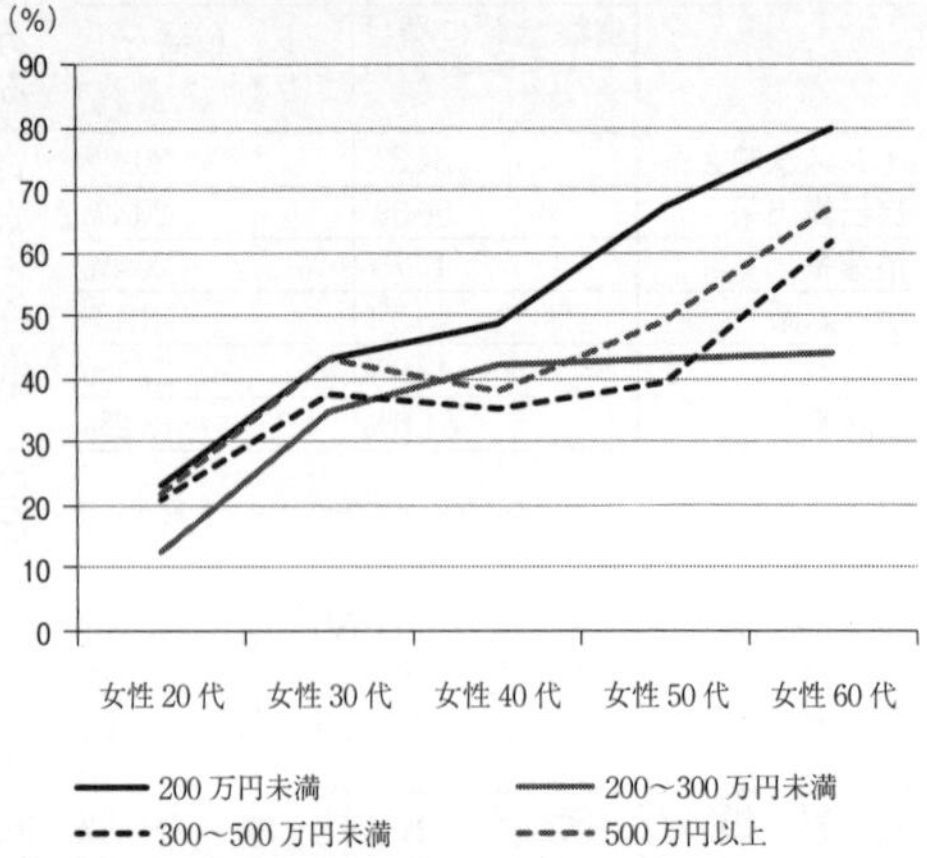

注：正社員、公務員、会社・団体の代表者・役員の女性2894人を集計
資料：三菱総合研究所「生活者市場予測システム（mif）」2018

30代以降ほとんど上昇しない。

サンプル数が少ないから確言はできないが、このデータを見る限り女性の年収が低いほうが結婚しやすいとか高いほうがしにくいという傾向はない。

もちろん40～60代の女性は、一度結婚出産してから仕事に戻り、それから年収500万円以上になった可能性もある。結婚した時点で年収が高かったかどうかはわからない。

逆に言えば、今年収が少ない既婚女性も、結婚前は年収800万円だったということだって現代の東京ではいくらでもある話だ。女性のデータというのは結婚出産によって大きく変動するので簡単にものが言えないのである。

ましてや年収が高い女性は結婚しないとか晩婚だとかいうことも、既存のデータからは証明できない。それを証明した気になってアホらしい文章を書く代理店の所長の脳みそを疑う。こういう男性がいる業界だから若い女性の自殺者も出るのであろう。

それよりこのデータから見えてくる重要な問題は、年収200～300万円未満という年収層の女性のほうが、既婚率が年齢と共に上昇しないというところにあると思うが、その問題をこれ以上追究するための素材がないので、本書では触れない。

†シャンパンと外車が好きだが、堅実に蓄財もする

次に金融系の消費動向を見る。一言で言って彼女たちの消費は旺盛である。

たとえばシャンパン、スパークリングワインをよく飲む、非常によく飲むが35％と断然多い（図表2-19）。

外車の保有率も高く、7％である（図表2-20）。それに次いでインスタ映え系と自己露出系が続くが、面白いことに、インスタ映え系と自己露出系は外車の中でもBMWを最も多く保有しているのに（インスタ映え＝BMW1・5％、MINI1・3％。自己露出系＝BMW1・4％、MINI0・8％）、金融系女子はBMWはゼロで、MINIを保有する人

金融系女性はシャンパンと外車が好き

図表２-19　利用アプリ分野別のシャンパンを飲む頻度

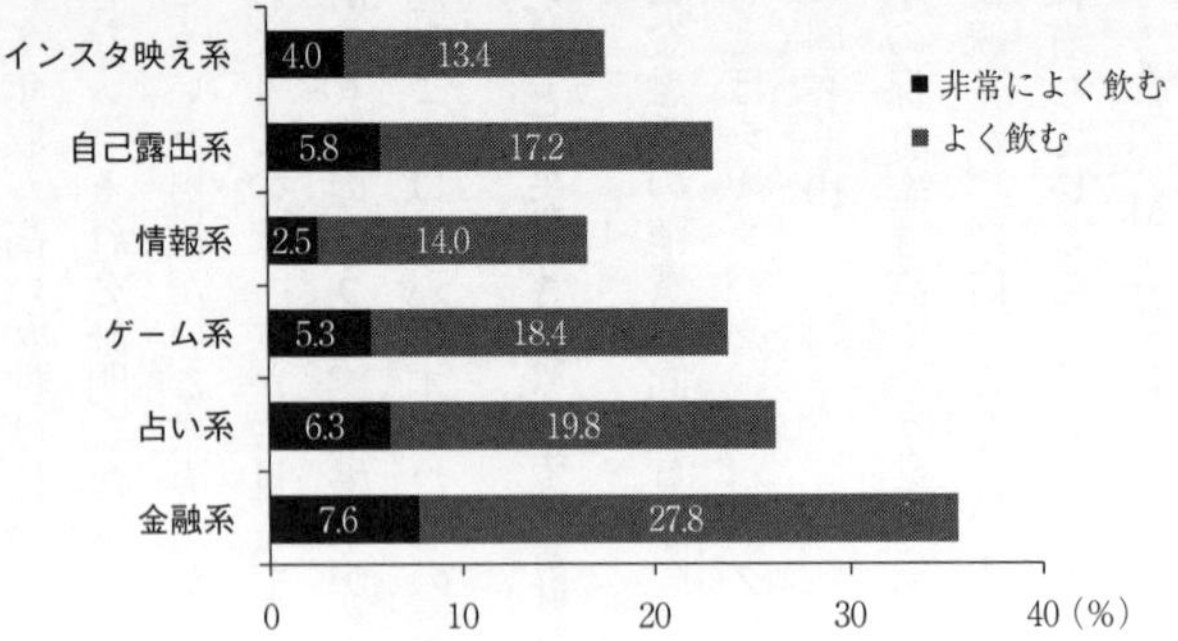

図表２-20　利用アプリ分野別の外車保有率

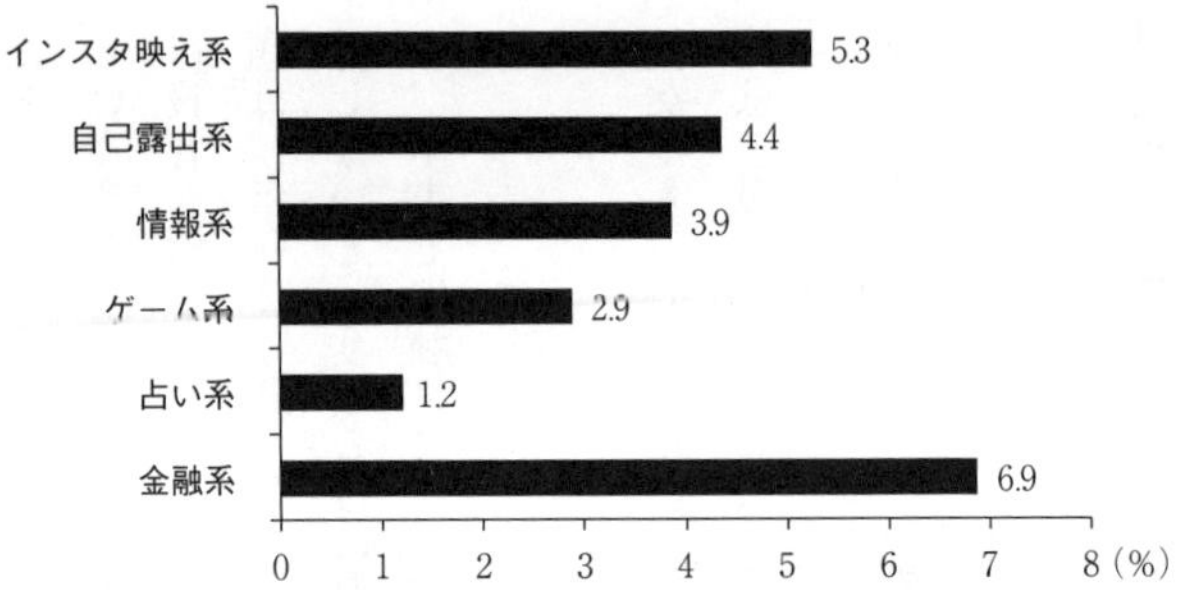

資料：カルチャースタディーズ研究所＋天笠邦一＋三菱総合研究所

が多い（2・9％）。つまり、金融系女子は、見栄を張るより堅実にお金を貯めていくタイプなのかもしれない。

たとえば金融系女子は「ポイントを貯めるためクレジットで支払う」かについて「あてはまる」が45％もいて、突出して多い。元金保証のない投資をする人も50％と非常に多い。消費もするが蓄財もするのだ。

†癒しと和食と酒が好き

また金融系女子は仕事と家庭で疲れるので癒しに熱心である。マッサージ、リフレクソロジー、スパなど癒し系サービスを受ける人が多い。

またこれも癒し志向か健康志向の強さのためだと思うが、洋食より和食を好んで食べる人が多い。

他方、得意先への営業もしなければならないからか、そもそも酒が好きなのかわからないが、酒量が多い（図表2-21、2-22）。

毎日酒を飲む人が、特に未婚の金融系女子で多く、13％が毎日、8％が週4〜6日飲む。一回に飲む量も多い。ビール大びん3本以上が13％、ビール大びん2本程度が34％と他よりもずっと多い。

金融系女子は酒が好き

図表２-21　未婚女子の利用アプリ分野別の飲酒頻度

	毎日	週４～６日
インスタ映え系	4.2%	5.3%
自己露出系	8.4%	8.4%
情報系	4.9%	5.6%
ゲーム系	7.5%	6.6%
占い系	6.6%	8.3%
金融系	13.3%	8.0%

図表２-22　未婚女子の利用アプリ分野別の１回の酒量

	ビール大びん２本程度（日本酒２合、焼酎またはウイスキーダブル２杯程度、ワイン400ml 程度）	ビール大びん３本以上（日本酒３合以上、焼酎またはウイスキーダブル３杯以上、ワイン600ml 程度）
インスタ映え系	22.7%	5.5%
自己露出系	24.2%	8.7%
情報系	25.0%	8.0%
ゲーム系	27.5%	5.8%
占い系	24.2%	9.2%
金融系	34.2%	12.7%

資料：カルチャースタディーズ研究所＋天笠邦一＋三菱総合研究所

２０１９年３月、小学館の雑誌『Domani（ドマーニ）』の広告が、「今さらモテても迷惑なだけ。〝ママに見えない〟が最高のほめ言葉　働く女は、結局中身、オスである。」というコピーで物議を醸した。なんとなく金融系女子をイメージさせるコピーではある。

5　孤独に彷徨うゲーム系、占い系、情報系、マッチング系

†ゲーム系女子は不安が大きい

インスタ映え系、自己露出系、金融系はポジティブなタイプであった。対して、これから述べるゲーム系、占い系、情報系、マッチング系は、ややネガティブな性格を持ったタイプである。現在女性たちのあいだでよく使われているマッチングアプリや占いアプリについては、天笠さんが節尾コラムで解説している。

まず将来の生活への不安を見ると、ゲーム系女子は31％がとても不安を感じている。占い系、情報系がそれに次ぐ（図表2-23）。

また、ゲーム系は不安感があって「病院にかかっている」人が11％もいる（図表2-24）。占い系も10％である。マッチング系や情報系も7％であり、少なくない。また、マッチング系は（不安感があるが）「自分なりの症状緩和措置をとっている（薬は利用しない）」とい

ゲーム系女子は将来不安が多い

図表２-23　利用アプリ分野別・将来の生活への不安

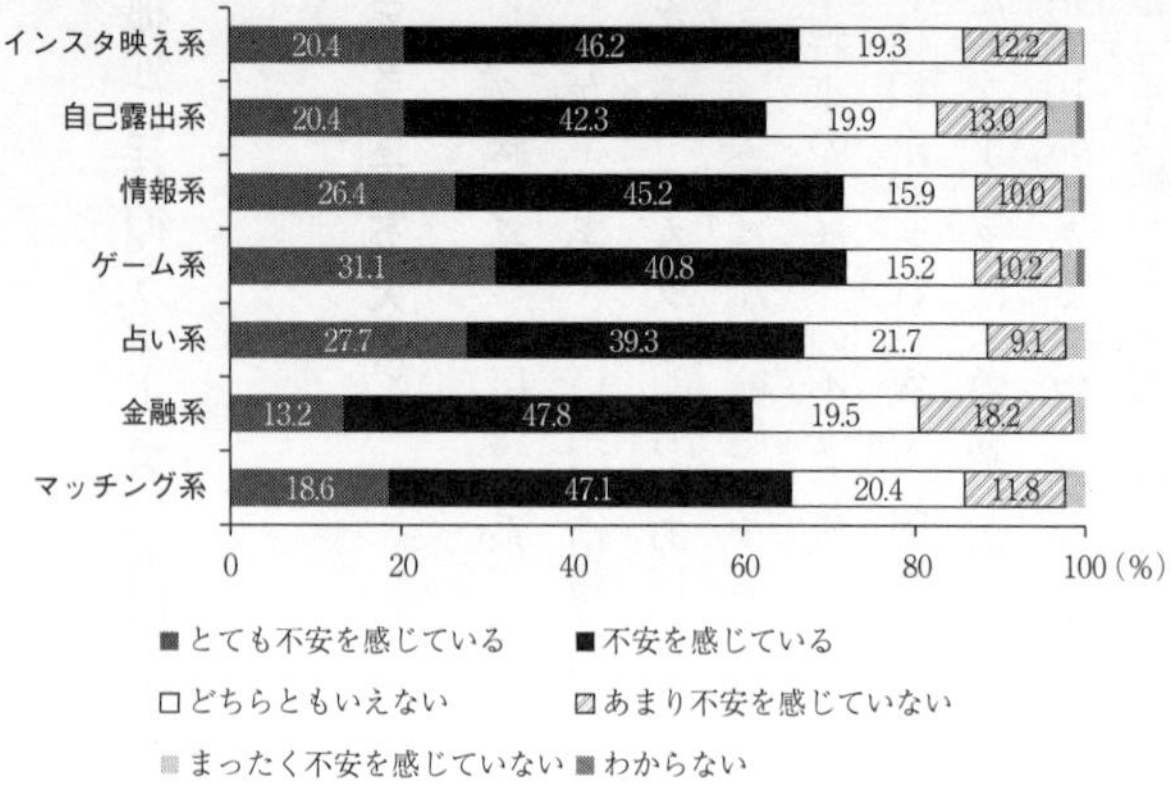

ゲーム系や占い系の女子は不安感から病院通い

図表２-24　利用アプリ分野別・不安感の症状の度合い

	まったくない	時々あるが、特に何もしていない	自分なりの症状緩和措置をとっている（薬は利用しない）	何かしらの薬を利用する	病院にかかっている
インスタ映え系	**49.2%**	37.0%	7.9%	2.1%	3.8%
自己露出系	**44.9%**	38.1%	11.1%	2.5%	3.4%
情報系	35.7%	44.4%	11.1%	2.4%	6.5%
ゲーム系	32.3%	40.3%	12.2%	3.7%	**11.4%**
占い系	33.5%	40.9%	12.4%	3.6%	**9.6%**
金融系	**45.3%**	40.3%	10.7%	1.9%	1.9%
マッチング系	36.2%	35.7%	**16.3%**	5.0%	6.8%

資料：カルチャースタディーズ研究所＋天笠邦一＋三菱総合研究所

う人が16％いる。

対してインスタ映え系、自己露出系、金融系は不安が「まったくない」人がほぼ半数である。

つまり、不安な人ほどゲーム、占い、マッチングに関するアプリにはまりやすいのだと言える。ゲーム、占い、マッチングによって不安が緩和されるのであればよいが、ますます現実から逃避して現実の中では不安が倍加することもあろう。

†孤独な占い系、マッチング系

「孤独を感じるか」という質問には、ゲーム系、占い系、マッチング系は32〜33％が「感じる」と回答している（図表2-25）。

また生活全般への満足度では、情報系、ゲーム系、占い系、マッチング系は「満足」（満足している＋どちらかといえば満足している）が5割未満と少ない（図表2-26）。

特に占い系は、「不満」（どちらかといえば不満＋不満）が33％と最多。未婚者に限ると占い系は「不満」が35％と最多。既婚者も占い系は「不満」が27％で最多である。不満があるから占いをするのである。

マッチング系、占い系、ゲーム系は孤独

図表2-25　利用アプリ分野別・孤独を感じるか

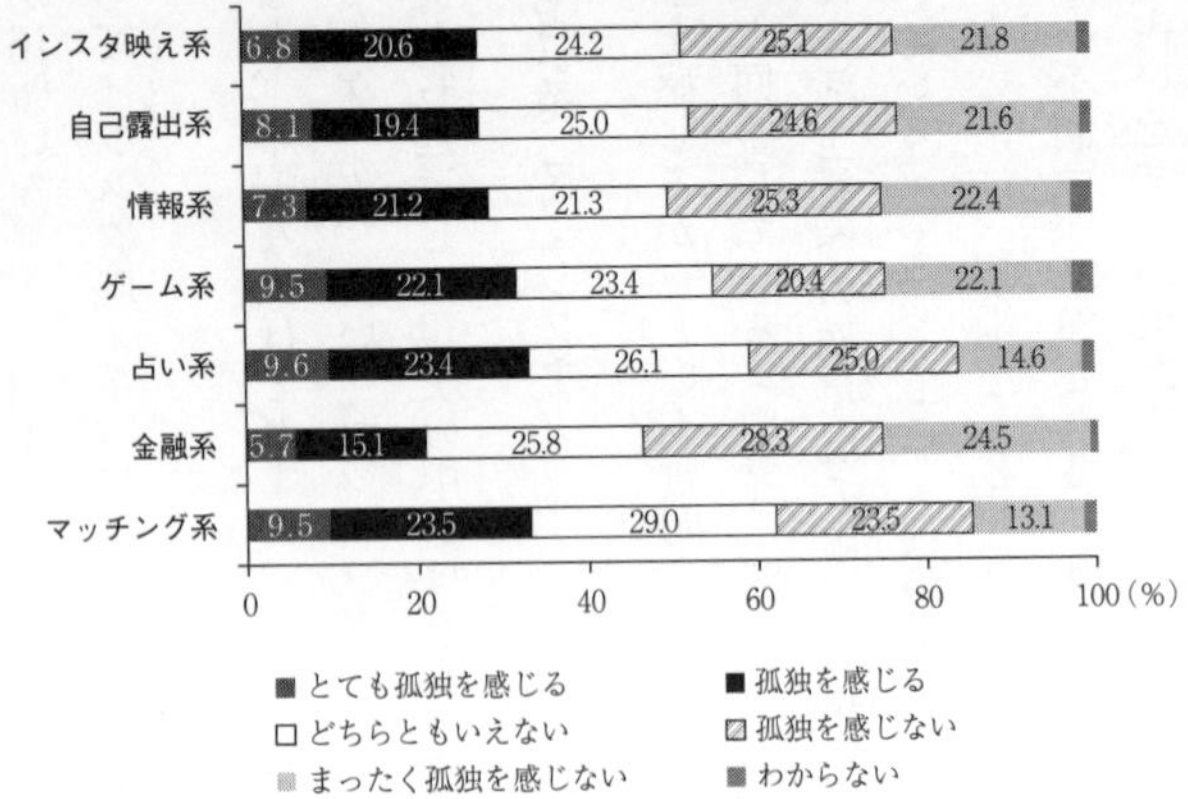

占い系、情報系は生活への不満が多い

図表2-26　利用アプリ分野別・生活全般への満足度

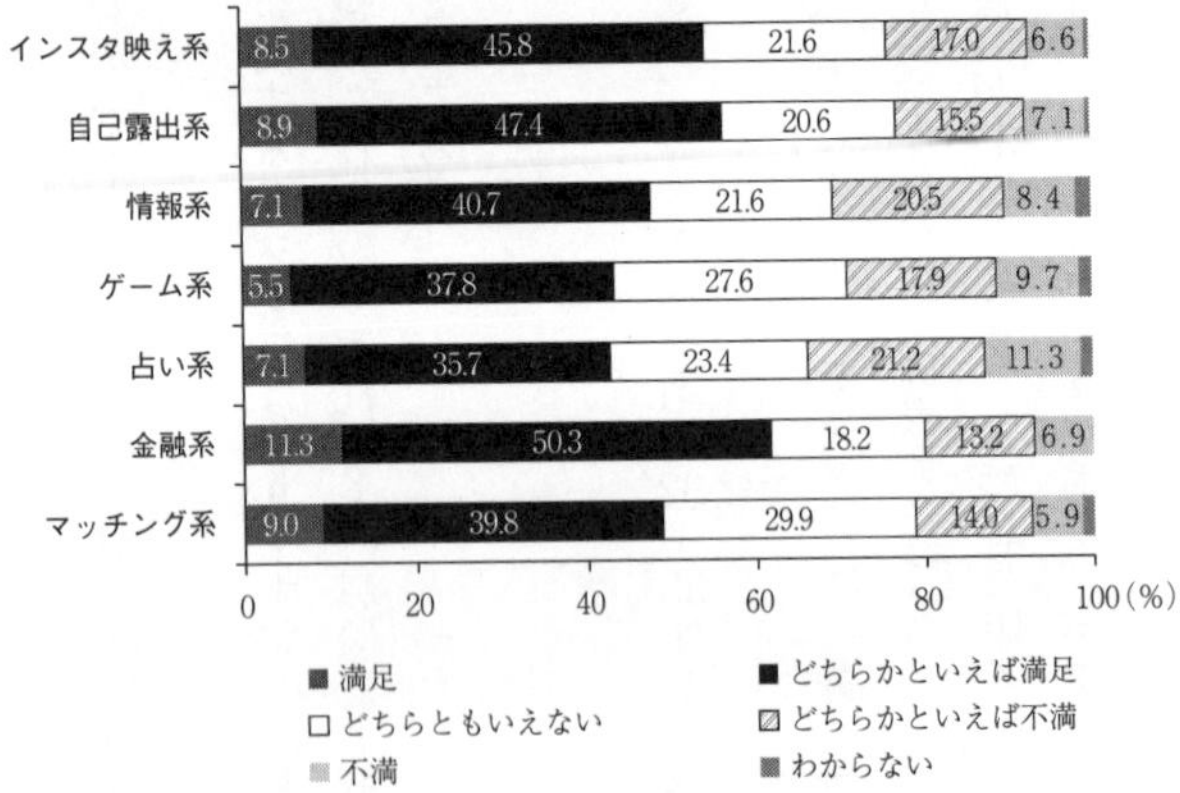

資料：カルチャースタディーズ研究所＋天笠邦一＋三菱総合研究所

マッチング系は幸福度が低い
図表2-27　利用アプリ分野別・幸福度

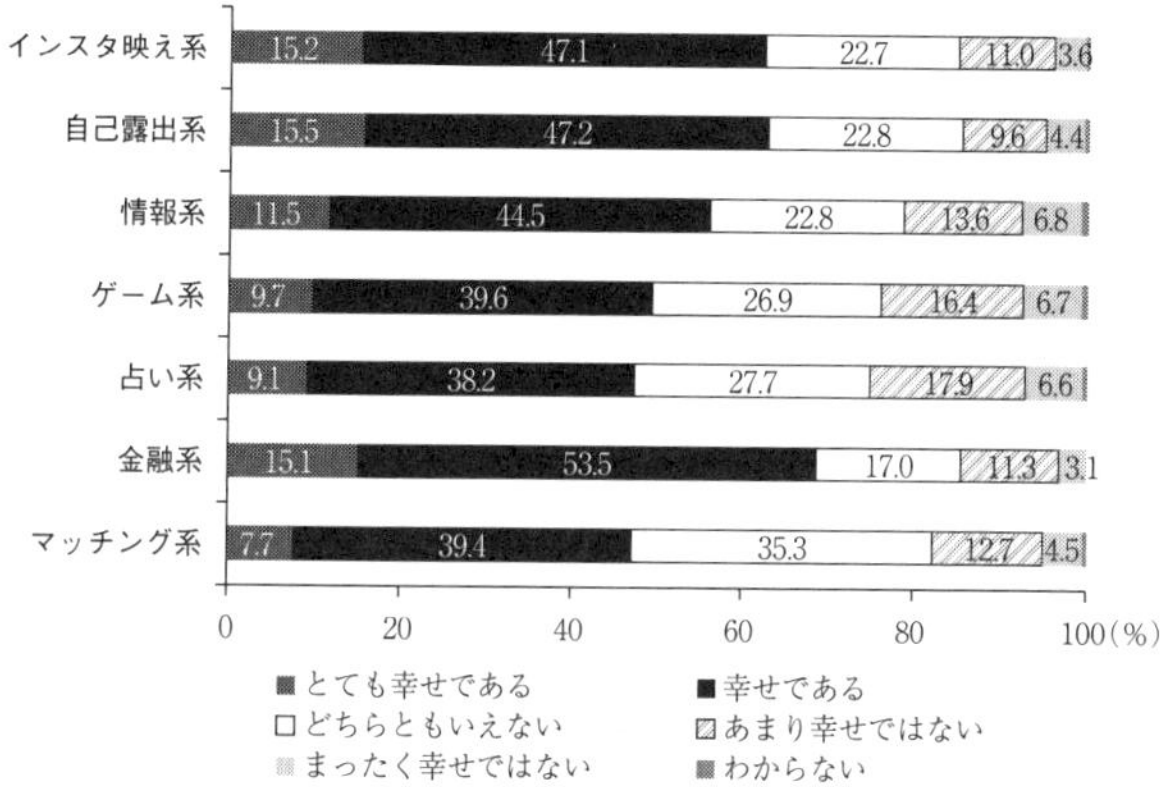

資料：カルチャースタディーズ研究所＋天笠邦一＋三菱総合研究所

また「自分の生活の幸福度」については、マッチング系は「とても幸せである」が8％と最低であり、ゲーム系、占い系も9％台で低い（図表2-27）。逆に「幸せではない」（あまり＋まったく）人はゲーム系、占い系では23〜24％と多い。未婚の占い系は「幸せではない」が29％と最多である。

このように情報系、ゲーム系、占い系、マッチング系、特にゲーム系、占い系については、人生に対してネガティブな感情を持っている人が多いと言える。

†マッチング系や占い系は彼氏がいるのかどうかすらわからない

先ほど見たように（152頁、図表2

-15)、30代での未婚率はゲーム系、占い系、情報系、マッチング系で高い。特にマッチング系は30―34歳で63%が未婚であり離別も8%いる(離別は図表にはない)。だからこそマッチング系アプリを使うのだが、それにしても他と比べて突出した数字である。

つきあっている異性がいるかという質問では、ゲーム系、情報系、マッチング系は6割以上が「いない」と回答している(図表2-28)。さらに面白いのは「どちらともいえない」がマッチング系で5%、占い系で4%いることである。

マッチング系や占い系は、彼氏がいないだけでなく、いてもこれが本当の彼氏なのだろうか、この人と結婚まで行っていいのかなどと、悩み続ける人が多いのであろう。いわゆる「こじらせ系」とも近そうだ。

もちろんマッチング系や占い系は出会いや結婚のための情報収集はしている人が多い(図表2-29)。婚活もしているようである。だがなかなかゴールにたどり着けないタイプなのである。

対して金融系は「どちらともいえない」は0%である。つきあって損な相手か得な相手かの判断が明確で、損ならつきあわないという合理的な判断をするタイプなのであろう。

マッチング系と占い系は、彼氏がいるかいないかわからない

図表２-28　利用アプリ分野別・つきあっている異性がいるか

	いる	いない	どちらともいえない
インスタ映え系	45.2%	52.2%	2.7%
自己露出系	45.1%	52.5%	2.4%
情報系	34.3%	63.4%	2.4%
ゲーム系	34.3%	62.9%	2.8%
占い系	41.7%	54.2%	4.2%
金融系	42.1%	57.9%	0.0%
マッチング系	30.4%	64.3%	5.4%

占い系やマッチング系は出会いや結婚を求めている

図表２-29　利用アプリ分野別・出会いや結婚のために口コミや雑誌などから情報収集するか（未婚・離別の女性／%）

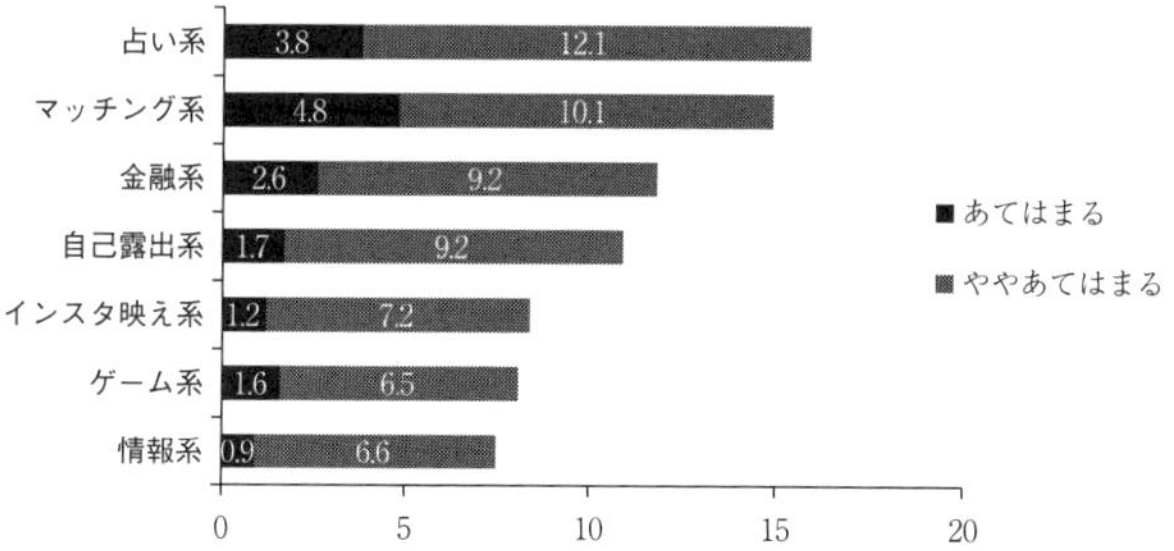

資料：カルチャースタディーズ研究所＋天笠邦一＋三菱総合研究所

占い系は転職が多い
情報系は就職したことがない人が多い

図表２-30　利用アプリ分野別・転職経験（在学中、浪人中を除く）

	０回	１回	２回	３回	４回	５回以上	就職したことがない
インスタ映え系	29.6%	25.6%	17.0%	8.8%	3.2%	5.8%	10.1%
自己露出系	30.8%	24.3%	15.8%	9.5%	3.2%	6.3%	10.2%
情報系	26.1%	20.0%	16.1%	10.1%	4.5%	8.2%	15.0%
ゲーム系	31.0%	22.5%	13.7%	9.0%	2.6%	8.5%	12.7%
占い系	26.6%	17.6%	19.0%	11.3%	4.8%	11.3%	9.3%
金融系	34.0%	16.7%	22.4%	8.3%	3.8%	5.8%	9.0%
マッチング系	23.6%	28.3%	18.9%	9.0%	4.2%	7.1%	9.0%

資料：カルチャースタディーズ研究所＋天笠邦一＋三菱総合研究所

†利用アプリ分野と就職行動の相関

このような結婚、恋愛に対する曖昧かつ迷いの多い態度は就職行動にも現れている。

転職経験をたずねると、占い系は５回以上が11％もあり、マッチング系も７％と多い（図表２-30）。情報系はそもそも就職したことがない人が15％もいる。ゲーム系も13％が就職していない。インスタ映え系と自己露出系も10％が就職経験なしというのも驚きである（こうしたインターネット調査では実態よりも就職経験のないニート的な人が多めに出る可能性はあるが）。

対して金融系は転職０回が34％と多い。ゲーム系は31％、自己露出系も31％、インスタ映え系も30％が転職０回である。

ゲーム系、自己露出系、インスタ映え系は転職の少

マッチング系は動物関係職種に強い関心

図表2-31　利用アプリ分野別・なりたい職業（30代未婚／主な職業）

	インスタ映え系	自己露出系	情報系	ゲーム系	占い系	金融系	マッチング系
雑貨屋・インテリアショップ	28.9%	18.6%	22.8%	22.2%	28.2%	16.7%	16.3%
医師・看護師・薬剤師	2.8%	3.4%	5.4%	4.4%	2.4%	13.9%	6.1%
歌手・ミュージシャン・アニメ声優	9.9%	11.9%	9.4%	18.9%	9.4%	8.3%	22.4%
旅行関係	11.3%	10.2%	7.4%	6.7%	8.2%	16.7%	12.2%
デザイナー	9.9%	10.2%	15.4%	10.0%	16.5%	5.6%	10.2%
漫画・ゲーム・アニメ制作関係	9.9%	10.2%	16.1%	22.2%	9.4%	13.9%	18.4%
金融・不動産関係	4.2%	1.7%	6.0%	4.4%	5.9%	16.7%	2.0%
ユーチューバー	1.4%	3.4%	2.0%	7.8%	2.4%	8.3%	8.2%
動物関係	12.0%	15.3%	11.4%	8.9%	12.9%	13.9%	24.5%

注：「なりたい職業」の項目に含まれる具体的な職業については、第3章末の資料「なりたい職業の分類」（p245）を参照
資料：カルチャースタディーズ研究所＋天笠邦一＋三菱総合研究所

ない人と就職をしない人の二極化が激しいと言える。好きな仕事に就けた人と、就けないで転職を繰り返したり、働かないままだったりという人の差が大きいのかもしれない。特に30代は就職氷河期世代だから、そういう差がつきやすい。

30代でも夢を追う

そこで30代未婚者について、利用アプリ分野別になりたい職業を見てみると、驚くべきことに、マッチング系では「動物関係（獣医・ペットショップ・トリマー・調教師など）」の職業に就きたい人が25％もいる（図表2-31）。10年ほど前「ジェネレーションZ研究」という世代

図表2-32　ジェネレーションZ調査（2007年）における「なりたい職業」ランキング（15―22歳）

ジェネレーションZ調査の上位を見ると、1位が歌手・ミュージシャン、2位が音楽関係と若い人らしい結果となり、3位は雑貨屋、4位パティシエ、お菓子屋さん、パン屋さん、5位ネイルアーチスト、6位カフェ店員、7位美容師、8位保育士。ＯＬは14位だった。

調査手法も時期も対象年齢も対象者の居住地も違うので比較はできないが、雑貨屋、パティシエ、カフェ、美容師、保育士の人気は安定しており、今回の「インスタ映え調査」の年齢別・なりたい職業の結果を考えると、年をとるにつれて歌手などの華やかな職業をあきらめて、地道になっていくという傾向はありそうである。

1	歌手、ミュージシャン	39.5	16	イベント関係	16.8
2	音楽関係	36.7	17	ブティック店員	16.1
3	雑貨屋	33.4	18	公務員	15.3
4	パティシエ、お菓子屋さん、パン屋さん	30.1	19	ペットトリマー	13.9
5	ネイルアーチスト	28.6	20	経営者、社長	12.5
6	カフェ店員	28.0	21	福祉関係	12.4
7	美容師	24.2	22	看護士	12.2
8	保育士	23.5	23	**イルカ調教師**	10.6
9	キャバクラ嬢、ホステス	22.3	24	旅行関係、ツアーコンダクター	10.4
10	マスコミ関係、テレビディレクター、編集者	21.8	25	料理人シェフ	9.7
11	デザイナー	20.8	26	薬剤師	9.5
12	ダンサー	20.3	27	企画関係	7.3
13	化粧品販売部員	19.4	28	スポーツ選手	5.7
14	ＯＬ	18.0	29	バリスタ	2.6
15	アーチスト	17.9			

資料：カルチャースタディーズ研究所＋スタンダード通信社「ジェネレーションZ調査」2007

研究をしたとき、人気職種の一つがイルカ調教師であったが、そのこととも相関しているかもしれない（図表2-32）。

　また歌手・ミュージシャン・アニメ声優も22％いるし、ユーチューバーも多い。30代未婚で歌手・ミュージシャン・アニメ声優にまだなりたいと思う彼女たちは、私にはかなり「夢見る夢子」に見える。

　だが近年「ショッピングモールの歌姫」として人気の半崎美子《はんざきよしこ》は１９８０年生まれ、メジャーデビューは２０１７年というから37歳の時。半崎の歌は歌詞の内容が聴く人の心の琴線に触れることが人気の理由だが、もしかすると特にマッチング系女子たちの希望の星なのかもしれない。

　人気声優の水城《みずしろ》レナも１９７７年生まれで、最初は宝塚歌劇団に入団、声優に転向したのは２００２年。メジャーになったのはこの10年ほどだろうから、30代になってからである。壇蜜《だんみつ》もほしのあきも橋本マナミも30歳になってから人気が出たモデルであり、30代でのデビュー、ブレイクが普通になった最近の状況を考えると、マッチング系女子たちの志向性も理解できる。

ゲーム系は亀が好き。自己露出系は犬を飼う

図表2-33　利用アプリ分野別・飼っている動物（30代未婚）

	犬	猫	小動物	小鳥・鳥類	爬虫類	魚類
インスタ映え系	21.1%	14.8%	4.9%	3.5%	2.1%	2.1%
自己露出系	30.5%	15.3%	8.5%	1.7%	0.0%	1.7%
情報系	18.1%	18.1%	1.3%	2.7%	0.7%	4.0%
ゲーム系	17.8%	16.7%	4.4%	1.1%	3.3%	7.8%
占い系	20.0%	15.3%	0.0%	4.7%	0.0%	4.7%
金融系	19.4%	19.4%	5.6%	5.6%	2.8%	11.1%
マッチング系	30.6%	18.4%	6.1%	2.0%	2.0%	0.0%

資料：カルチャースタディーズ研究所＋天笠邦一＋三菱総合研究所

†ゲーム系女子は亀を飼う？

動物の話が出たので、すでに飼っているペットを調べてみた（図表2-33）。30代未婚だけだが、マッチング系は31％が犬を飼っている。自己露出系も犬が多く、小動物も多い。自己露出系にとっては犬や珍しい動物が自分と一緒にいる動画などをSNSにアップするのも露出願望を満たすのであろう。

情報系、ゲーム系は犬が少なめで猫が多めであるが、これは情報系、ゲーム系が外にあまり出ないタイプだから、犬の散歩が億劫《おっくう》なためであろう。金融系も犬が少ないが、これは仕事が忙しくて散歩に行くのが難しいからだろうと想像する。そのかわり魚類が多いが、仕事の後に癒されたいからか。

ゲーム系は爬《は》虫類が多いというのも、なぜか頷ける傾

マッチング系は筋トレと機能性飲料が好き

図表2-34　利用アプリ分野別・健康行動

	スタイルを維持するため、筋力トレーニングやヨガ等を行なう		黒烏龍茶、ウコン茶、ソイッシュ等の機能性飲料を飲む	
	あてはまる	ややあてはまる	非常によく飲む	よく飲む
インスタ映え系	8.9%	15.3%	7.2%	16.3%
自己露出系	8.3%	17.0%	6.9%	17.7%
情報系	7.7%	12.6%	7.1%	14.9%
ゲーム系	8.2%	12.4%	7.7%	17.7%
占い系	6.9%	20.1%	9.9%	22.3%
金融系	11.3%	13.8%	7.5%	15.7%
マッチング系	11.8%	14.5%	10.0%	19.5%

資料：カルチャースタディーズ研究所＋天笠邦一＋三菱総合研究所

向だ。亀でも飼っているに違いない。金融系も爬虫類が少なくない。忙しい金融系にとっては、餌を忘れても数日は死なない亀は最適である。しかもけっこう癒される。

†自分探しを続けるマッチング系は体力づくりと機能性飲料が好き

このようにマッチング系は、何事につけてもマルかバツかが決められない、自分の気持ちが自分でわからないタイプのようである。だからマッチング系アプリを使って、自分に相応しい仕事や彼氏や生き方を探すのであろう。だが、おそらく結果を見てもそれを信じ切れずに永遠にアプリを使い続けるのではないか。

このような迷えるマッチング系が好むのが「スタイルを維持するため、筋力トレーニングやヨガ等を行なう」ことである（図表2-34）。「あてはまる」人は12％で他の利用アプリ分野と比べて最多であり、金融系とほぼ同じくらい筋トレ・ヨガ好きである。未婚率が高く、この先ずっと自分ひとりで生きていくかもしれないと思うため、体力だけは鍛えたいと思うのであろう。

また、黒烏龍茶、ウコン茶、ソイッシュ等の機能性飲料を飲む人もマッチング系で多く、占い系でも多い。マッチング系は筋トレを好むために機能性飲料を飲むと考えられる。また占い系もマッチング系も、何かにすがりたいという気持ちが強いために、効能のはっきりした機能性飲料を好むのではないか。

†マッチング系は、なりたい職業が多すぎる

最後に、利用アプリ分野別になりたい職業を集計すると、マッチング系の特徴が歴然とする（図表2-35）。マッチング系は、なりたい職業が多すぎるのだ！　第3章で述べる「なりたい職業の分野」でいうと、ボディ系、ビューティ系、ホテル・レストラン系、サブカル系にお

医療・福祉系	エリート系
20.8%	25.1%
21.2%	24.3%
18.1%	28.1%
15.9%	23.9%
19.0%	28.8%
17.0%	37.1%
17.6%	33.5%

マッチング系はなりたい職業が多すぎる

図表2-35　利用アプリ分野別・なりたい職業分野

	ボディ系	ビューティ系	ホテル・レストラン系	普通系	サブカル系
インスタ映え系	13.8%	36.8%	21.9%	55.8%	20.3%
自己露出系	17.2%	37.6%	22.8%	47.0%	18.4%
情報系	12.2%	31.5%	17.4%	53.3%	25.2%
ゲーム系	17.9%	37.1%	17.4%	54.5%	33.1%
占い系	16.8%	40.7%	19.2%	53.3%	25.5%
金融系	20.1%	26.4%	19.5%	44.0%	22.0%
マッチング系	21.7%	45.2%	26.2%	53.4%	34.4%

注：職業の分類については、第3章末の資料「なりたい職業の分類」（p245）を参照
資料：カルチャースタディーズ研究所＋天笠邦一＋三菱総合研究所

いて、マッチング系が最多である。

インスタ映え系は普通系が最多だし、自己露出系は医療・福祉系が最多だし、金融系はエリート系が最多である。またインスタ映え系は医療・福祉系も多く、ゲーム系はサブカル系が多い。このように、利用アプリ分野別に見たとき、なりたい職業分野はイメージ的に納得がいく。

しかしマッチング系は何にでもなってみたいのである。だが現実にはどれか一つにしかなれない。だから何かの職業についても満足できないのであろう。これは現代の「自分らしさ」志向の負の面である。

実際はなりたい自分になって、かつ稼げる人は多くない。小学生のときにオリンピックで金メダルが取りたいと言って取れる人もいるが、それは人並み外れた才能と努力の結果である。普通の人間は、なりたい自

どういうアプリを使うかは
ライフコースと相関する

図表2-36　利用アプリ分野別の主なライフコース

	インスタ映え系	自己露出系	情報系	ゲーム系	占い系	金融系	マッチング系
正規雇用シングル	20.3%	18.0%	17.2%	17.9%	22.8%	22.0%	**25.8%**
非正規雇用シングル	13.3%	12.6%	15.4%	15.7%	16.5%	9.4%	**22.2%**
非就労シングル	6.5%	4.9%	**12.6%**	**13.4%**	11.0%	1.9%	8.6%
夫婦共働き子どもなし正規雇用	3.5%	4.7%	4.4%	3.7%	1.9%	**7.5%**	0.9%
夫婦共働き子どもあり正規雇用	3.0%	5.1%	3.7%	5.2%	3.8%	**9.4%**	6.3%
結婚出産退職後再就職の非正規雇用	5.4%	4.9%	3.7%	2.2%	3.8%	5.0%	0.9%
専業主婦（結婚契機に退職）	**14.0%**	**14.5%**	10.7%	9.2%	8.2%	10.1%	4.1%

資料：カルチャースタディーズ研究所＋天笠邦一＋三菱総合研究所

分になることによってではなく、誰かに期待される存在（役割）になることで他者から承認される。だがマッチング系は、なりたい自分になることを夢見て彷徨《さまよ》うタイプなのではないか。

†女性のライフコースと利用するアプリは相関する

以上見てきたことから、女性がどんなSNSアプリを使うかは、女性の学歴、就職、恋愛、結婚、出産、年収、あるいは容姿への自身など、様々な条件、ライフコースと関連していることがわかるのではないだろうか（図表2-36）。

そこで、女性の就業状況と婚姻状況

を合わせたライフコースについての項目で利用アプリ分野を集計してみると、
・インスタ映え系と自己露出系は結婚退職した専業主婦が14～15％と多い。
・金融系は共働き・子なしの正規雇用が8％、共働き・子ありの正規雇用が9％と、要するに共働きが多い。
・マッチング系は正規雇用シングル（未婚・離別で子どもがいない）が26％と多い。
・マッチング系は非正規雇用シングルも22％と多い。
・ゲーム系や情報系は非就労シングルが13％と多い。
といった傾向が見える。

†見えなかった格差が見えてきた

私は2007年から08年にかけて、第3章で述べる「ジェネレーションZ調査」という若者調査を行った。だがそれ以来、若者分析はしないことにした。なぜなら、08年にiPhoneが日本で発売されて一気に普及すると、街中で若者を観察していても、スマホの中で何を見ているかまではわからなくなったからである。観察ができないのだから分析もできないと思ったのだ。

駅でスマホを見る若者たち（筆者提供）

しかも若者のファッションはどんどんファストファッションが主流になり、お金があってもユニクロやＧＵを着るようになり、外見からは彼らの志向や価値観や階層などの違いを識別できなくなった。１９８０年代なら、山の手育ちの保守的なお嬢様は雑誌『ＪＪ』のようなかっこうをし、ちょっと知的で哲学的な女性はコム・デ・ギャルソンで黒ずくめのかっこうをし、音楽が好きで『宝島』を読んでいるような女子は奇抜なかっこうをし、というように、それぞれの価値観、好みによって全然違う外見をしていた。90年代でも、まあ、そういう違いはあった。だが２０００年代に入るとそういう違いが見えにくくなり、現在はほとんどわからない。

だが、格差が拡大したとか、正社員になれる人となれない人がいるといった客観的な違いは90年代までよりも広がったはずなのだから、それがファッションなどとは別のところで現れるはずであった。

それが今回ＳＮＳなどのアプリの使い方を分析することで、スマホの中の観察できない中身を垣間見ることができた。そしてそれにより、若い世代の中の「見えない」多様性と格差——趣味や価値観、性格の積極性・消極性、年収、学歴、雇用形態、結婚など——が見えてきた。「女女格差」と呼ばれる女性内の格差が拡大していることはかねてより指摘されていたことだし、私も各種調査でわかっていた。だが、アプリを使うのは原則無料なのに、どんなアプリをどう使うかでこれほど多様性と格差が見えてくるのは極めて興味深いことである。ビッグデータというものの中には、こうした事実も蓄積されるのかと思うと恐ろしくもある。

ＳＮＳが格差を助長するのか緩和するのかというと、助長する方向のほうが強いようにも思われる。こうした「見えない」事実を可視化するため、今後より精緻な調査と分析が必要になりそうである。

コラム5

ネットで流行《はや》っている占い（天笠）

占いほど古くて、そして常に流行し続けているコンテンツはない。人は、いつの時代も迷うと何か方向を指し示してくれる存在に頼ってしまうものだ。私の祖母は、高島易断の冊子を毎年買っていて、大きな買い物などの度に、その日の吉凶を気にしていたものだ。

時代は流れ、現代のネット上でも、やはり占いは主要なコンテンツの一つだ。とあるインターネットメディア企業に就職したゼミの元学生がいるのだが、彼女と話しているときに「今、○○さんの会社はどの部門が一番好調なの？」と聞いたら、「今一番は占いなんですよね」と教えてくれた。ビジネスとして考えた時の、費用対効果も抜群らしい。

そんなインターネット上で、「しいたけ占い」という占いが流行っている。VOGUE GIRLのホームページに掲載されているコンテンツだが、女子大生に限らず毎週欠かさず見ているという知り合いも何人かいるほどだ。

しいたけ占いは、名前だけ聞くと、昔流行った、トイレットペーパーをひたすら巻き出してその形で占う「トイレットペーパー占い」や、占いの途中に突然イワシにかみつく「イワシ占い」といったような、ちょっとキワモノな占いを想像してしまいがちだが、占いとしては至極オーソドックスな「星座ごとに、その週の運勢を分析し、その乗り切り方を教えてくれる」というスタイルだ。ちなみに「しいたけ」とは、占い師の方のニックネームらしい。

　では、なぜ、しいたけ占いは流行っているのだろうか。いくつか要因が考えられるが、利用している知り合いに聞くと、「とにかく前向き」らしい。「あなた、そんなところあるよね〜わかるわかる。でも大丈夫だよ」というスタンスで、まるで愚痴を聞いてくれているような語り口で、現状を肯定して、その上で、こうしたらもっとよくなるよとアドバイスをくれるというのだ。私自身も、今週の自分の占いを読んでみたが、大丈夫という言葉が、ちょっと心強く思える気持ちもわかる気がした。現代の頑張る女性たちは、未来を占うというより、誰かに現状を認めてほしい。そのために、占いを利用する状況があるように感じている。

資料　アプリ利用分野の分類

インスタ映え系　913人
Instagramなどの SNS を介して、ファッションコーディネートを検索する　Instagramなどの SNS を検索し、食べに行くレストランを決める　おいしい食事やかわいい風景などインスタ映えする写真を Instagram に投稿する
自己露出系　593人
WEAR／iQON などのファッションアプリにコーディネートを投稿する　自分の顔が映った写真を Instagram や Twitter、Facebook に投稿する　cookpad・DELISH KITCHEN/kurashiru などに料理のレシピや動画を投稿する
情報系　723人
Amazon Kindle や comico などの電子書籍アプリを使って本や漫画を読む　Netflix や Hulu、DAZN などの定額制映像配信アプリを使い映像を見る　AWA/Spotify/Apple Music などの定額制音楽アプリを使い音楽を聴く
ゲーム系　402人
ゲームアプリの中で、オンラインで他者と共同してプレイする　ゲームアプリの中で、課金してガチャを回したり、アイテムなどをゲットする
占い系　364人
Yahoo! 占いや LINE 占いなどで占いを見る　占い師に声・ビデオチャットで相談をする
金融系　159人
株や外貨、仮想通貨（例：ビットコイン）など金融商品を取引する
売買系　1234人
メルカリなどのフリマアプリに商品を出品する　メルカリなどのフリマアプリで商品を購入する　Twitter などの SNS を介して、チケットの交換や物品の売買などを行う
マッチング系　221人
with/ タップル誕生 /Tinder などのマッチングアプリを利用し、パートナーを探す　Twitter などの SNS を介して、共通の趣味を持つ人と対面で出会う
生理系　1058人
ルナルナ / ラルーン /Clue などのアプリで生理周期を記録・管理・閲覧する

第３章

筋肉女子（ボディ系）の誕生とその政治性

三浦 展

「筋肉女子」という言葉が流行っている。NHK総合テレビの深夜の番組「みんなで筋肉体操」が一つのきっかけらしい。その番組の「筋肉は裏切らない」という言葉は2018年の流行語大賞にノミネートさえされた。インスタグラムなどのSNSで「#筋肉女子」で検索すれば、たくさんの女性が自らの鍛え上げた肉体を露出する写真や動画を目にすることができる。

本章で述べる「なりたい職業」についての調査結果を見ても、「筋肉女子」的なタイプとして「ボディ系」が浮かび上がった。「筋肉女子」あるいは「ボディ系」はなぜ生まれたか。そこにはこの20年ほどの日本社会における女性の変化が反映されているのだ。

1　なりたい職業はその人を表す

†なりたい職業分析から見えるもの

「筋肉女子」はなぜ生まれたか。その問題と、これから述べる現代女性のなりたい職業の分析には大きな関係がある。

まえがきで書いたように、2007年に私は、スタンダード通信社と共同で行った「ジェネレーションZ調査」において15―22歳女性に「なりたい職業」について質問した。「キャバクラ嬢が『なりたい職業』の9位！」ということで、テレビでもかなり長期間にわたって話題になった（168頁、図表2-32）。

この調査を分析した時点で、どんな職業に今ついているかではなく、そもそもどんな職業に「つきたいか」が、その人の学力、能力、性格、容姿、価値観などと非常に強く相関していることがわかっている。勉強が苦手なのに弁護士になりたい人は少ないし、対人能力が低いのに化粧品販売の仕事に就きたい人も少ない。体型に自信がないのにモデルになりたい人は少ないし、自由な仕事がしたくて公務員になる人も少ないのである。ほとんどの人はかなり自分をよく見て現実的に職業を考えているのだ。

だから、なりたい職業を軸にして分析をすることは、ありきたりのクラスター分析をするよりも、よほど現代人をリアルに分析できる。なりたい職業はその人を表すのだ。

そして、SNSの使い方となりたい職業にはかなり相関があるのではないかという仮説を私は立てた。そこで今回のインスタ映え調査でもなりたい職業を聞いてみたのだ。

しかも、ジェネレーションZ調査は対象が15―22歳だったので、彼女たちは2018年には26―33歳になっている。今回の「インスタ映え調査」の対象者20―39歳のうち、数の上で中心的な部分（無回答者を除く全体の49・8％）である。その意味では今回のインスタ映え調査はジェネレーションZ調査の対象者が10年後にどう変化したかを追跡することにもなる。

人気上位はOL、パン屋、雑貨屋だが……

本調査での質問方法は、なりたい職業を選択肢で39種類用意して、そこから複数回答で答えてもらうというものである。結果、調査対象者4576人中、このなかになりたい職業はないという回答が1228人（27％）いたのでこれを除いて集計を行った（図表3―1）。

結果、なりたい職業の1位は普通のOL・事務職が22・8％。次いでケーキ屋・パン屋・パティシエ・カフェ16・0％。雑貨屋・インテリアショップ13・7％だった。ケーキ屋、雑貨屋などは、幸せそうな、自分の好きな仕事を実現できた一つの典型としてメディアで取り上げられがちな職業である。またこれらの職業につきたい人は、既婚者でやや多く、「人生を楽しみたい」という価値観の人に多い。

4位は、美容系（美容師・ネイリスト・エステティシャン・美容部員）7・5%。以下、医療系（歯科技工士、理学療法士など）6・8%、保育士・幼稚園教諭6・3%、動物関係（獣医・ペットショップ・トリマー・調教師など）6・2%。もともと女性が多い職業で多い職種であり、全国どこでも就職先がある職業が選ばれている。現実的な選択と言える。

ちなみにホステス・キャバクラ嬢は39職種中32位だった。20—24歳、25—29歳でも27位なので、ずいぶん人気が落ちた。

†20代前半は夢を見るが25歳からは現実的

なりたい職業を年齢5段階別に見ると、学生がほとんどである20—23歳はまだ夢見がちというか、派手な仕事、マスコミ系の仕事が挙がってくる。上位2位は、普通のOL・事務職、ケーキ屋・パン屋・パティシエ・カフェであり、全体と同じであるが、3位に歌手・ミュージシャン・アニメ声優（13・4%）が入ってくる。5位が俳優・モデル・アナウンサー・キャスター・気象予報士で11・3%、6位に漫画・ゲーム・アニメ制作関係が10・7%で挙がる。

		20-30代全体	20-23歳	24-27歳	28-31歳	32-35歳	36-39歳
21位	ホテルマン・飲食店	3.9%	5.5%	4.2%	4.0%	3.4%	3.3%
22位	ホステス・キャバクラ嬢	2.5%	5.5%	3.0%	2.2%	1.9%	1.7%
23位	お笑い芸人・アイドル	2.1%	5.3%	2.7%	2.3%	1.2%	0.8%
24位	旅行関係	4.9%	5.3%	5.3%	5.3%	4.5%	4.5%
25位	ブライダル関係	4.9%	5.3%	5.2%	5.4%	4.4%	4.4%
26位	学校、塾の教員	3.9%	5.1%	2.9%	4.5%	3.6%	3.8%
27位	福祉関係	4.1%	4.9%	3.4%	4.4%	4.5%	3.7%
28位	プログラマー・エンジニア	2.8%	4.8%	3.9%	2.1%	2.1%	2.3%
29位	料理人・シェフ	4.0%	4.6%	3.4%	4.4%	3.5%	4.5%
30位	ダンサー・ダンスやエアロビのインストラクター	1.8%	3.7%	2.0%	2.0%	1.5%	0.9%
31位	経済経営系	3.7%	3.5%	4.3%	3.3%	4.0%	3.4%
32位	法律系	3.3%	3.3%	3.2%	2.8%	3.5%	3.9%
33位	キャビンアテンダント	2.2%	2.8%	2.4%	2.9%	1.8%	1.5%
34位	スポーツ関係	1.5%	2.1%	1.3%	1.7%	1.9%	0.9%
35位	建築家、インテリアデザイナー	3.2%	2.1%	3.0%	2.7%	3.5%	4.1%
36位	金融・不動産関係	3.1%	2.1%	4.3%	2.9%	3.2%	2.8%
37位	自衛官・警察官・消防士	0.7%	1.6%	1.0%	0.2%	0.6%	0.8%
38位	農業・漁業・猟師	2.2%	1.6%	2.6%	1.5%	2.6%	2.5%
39位	運転手、宅配便ドライバー	1.2%	1.2%	1.6%	1.1%	1.1%	1.2%

注：「なりたい職業」の項目に含まれる具体的な職業については、章末の資料「なりたい職業の分類」（p245）を参照（以下同）
資料：カルチャースタディーズ研究所＋天笠邦一＋三菱総合研究所

普通のＯＬ、ケーキ屋、雑貨屋は一貫して人気

図表３－１　なりたい職業（20-23歳で多い順）

		20-30代全体	20-23歳	24-27歳	28-31歳	32-35歳	36-39歳
1位	普通のＯＬ、事務職	22.8%	23.8%	23.0%	24.2%	23.2%	20.2%
2位	ケーキ屋・パン屋・パティシエ・カフェ	16.0%	15.7%	15.1%	18.4%	16.7%	13.6%
3位	歌手・ミュージシャン・アニメ声優	5.9%	**13.4%**	7.1%	5.4%	3.8%	3.9%
4位	雑貨屋・インテリアショップ	13.7%	12.5%	13.0%	14.4%	15.4%	12.4%
5位	俳優・モデル・アナウンサー・キャスター・気象予報士	5.6%	**11.3%**	5.8%	5.3%	5.4%	3.3%
6位	漫画・ゲーム・アニメ制作関係	6.1%	**10.7%**	6.9%	6.1%	6.1%	3.0%
7位	公務員	6.1%	10.0%	6.3%	6.5%	6.2%	3.7%
8位	美容系	7.5%	10.0%	8.9%	8.2%	6.8%	4.9%
9位	イベント企画・音楽関係	5.6%	**9.3%**	6.8%	5.3%	4.9%	3.7%
10位	動物関係	6.2%	8.8%	6.2%	6.4%	6.2%	5.0%
11位	医師・看護師・薬剤師	5.5%	8.1%	5.7%	5.2%	5.3%	4.7%
12位	デザイナー	5.6%	7.2%	6.6%	6.0%	5.0%	4.1%
13位	ブティック・アパレル店員	3.7%	7.0%	3.7%	4.2%	2.9%	2.5%
14位	医療系	6.8%	7.0%	5.9%	6.7%	7.8%	6.4%
15位	保育士・幼稚園教諭	6.3%	6.3%	5.5%	7.4%	6.8%	5.3%
16位	ライター・編集者・新聞記者	4.8%	**6.3%**	4.8%	4.7%	4.7%	4.2%
17位	ユーチューバー	2.6%	**6.2%**	3.0%	2.6%	1.6%	1.7%
18位	テレビ、ラジオ制作関係	2.1%	6.2%	1.9%	1.8%	1.8%	0.8%
19位	ファッションデザイナー、パタンナー	3.8%	6.0%	5.3%	3.7%	2.3%	2.9%
20位	職人系	6.1%	5.8%	4.8%	4.8%	6.6%	8.6%

7位が公務員というのは就職前の学生だからだろうが、それ以下ではイベント系、ユーチューバー、テレビ・ラジオ制作関係などが他の年齢と比べて多い。地味な仕事ではない。以下、9位にイベント企画・音楽関係5・6%、12位にデザイナー（グラフィック、映像、ウェブ系など）、16位にライター・編集者・新聞記者、17位にユーチューバーが挙がっている。

だが24歳以上になるとぐっと落ち着き、特に36―39歳になると20―23歳の人気の職業はほぼすべて人気がなくなる。一貫して多いのは普通のOLとケーキ屋である。

†未婚率や離婚率の上昇には女性の職業の多様化が影響を与えている

また、なりたい職業に大きな影響を与えるものとして、年齢の他に未婚か既婚か離別かがある。未婚も既婚も離別も人数が多い30代で集計してみると、未婚、既婚ともになりたい職業は「普通のOL、事務職」が1位であり、数値も22～23%で変わらない。

未婚のほうが特に多いものとしては、漫画・ゲーム・アニメ制作関係、歌手・ミュージシャン・アニメ声優、デザイナー、イベント企画・音楽関係、俳優・モデル・アナウンサー・キャスター・気象予報士、動物関係がある。

既婚のほうが特に多いものは、ケーキ屋、保育士、ブライダル関係くらいである。あきらかに結婚することによって、なりたい職業は大きく狭まると言える。

逆に、なりたい職業別に30代の未婚・既婚・離別の状況を見ると（図表3-2）、未婚率が高いのは、漫画・ゲーム・アニメ制作関係、テレビ、ラジオ制作関係、お笑い芸人・アイドル、イベント企画・音楽関係、歌手・ミュージシャン・アニメ声優になりたい女性である。サブカル系の職種だと言える。7位に職人系が入っているのも現代風の傾向である。8位にはホステス・キャバクラ嬢も入っている。最近は「微熟女クラブ」とか「半熟女クラブ」が増えているので、需要も多いのであろう。スナックに勤めたい女性が増えていることとも関連がありそうだ。

既婚率が高いのは、ブライダル関係（ウェディングプランナーなど）、保育士・幼稚園教諭、医師・看護師・薬剤師、美容系、ケーキ屋・パン屋・パティシエ・カフェ、医療系になりたい女性。いわゆる「女性らしい」仕事を目指す女性である。ただし俳優になりたい女性でも既婚率が63％もあるのは驚きである。前章で書いたように（167頁）、30代になっても夢を追い続ける女性も多いのが現代という時代なのである。

離別率が高いのは、法律系（弁護士・裁判官・検察官・司法書士など）、職人系（工業、工

サブカル系職種希望者は未婚が多く、経済的安定職種希望者は離婚しやすい

図表3－2　なりたい職業別・配偶関係（30代、上位20位）

	未婚（488人）	率	既婚（909人）	率	離別（53人）	率
1位	漫画・ゲーム・アニメ制作関係	62.1%	ブライダル関係	81.2%	法律系	9.5%
2位	テレビ、ラジオ制作関係	54.8%	保育士・幼稚園教諭	75.0%	職人系	9.5%
3位	お笑い芸人・アイドル	54.2%	医師・看護師・薬剤師	71.0%	ダンサー・ダンスやエアロビのインストラクター	7.1%
4位	イベント企画・音楽関係	52.8%	美容系	68.6%	キャビンアテンダント	6.1%
5位	歌手・ミュージシャン・アニメ声優	52.2%	ケーキ屋・パン屋・パティシエ・カフェ	66.5%	農業・漁業・猟師	5.4%
6位	デザイナー	51.7%	医療系	65.8%	公務員	5.2%
7位	職人系	48.3%	学校、塾の教員	64.3%	ユーチューバー	5.1%
8位	ホステス・キャバクラ嬢	48.1%	雑貨屋・インテリアショップ	64.3%	金融・不動産関係	5.1%
9位	動物関係	48.0%	キャビンアテンダント	63.6%	経済経営系	4.9%
10位	ライター・編集者・新聞記者	44.6%	建築家、インテリアデザイナー	62.7%	ライター・編集者・新聞記者	4.8%
11位	旅行関係	43.4%	普通のＯＬ、事務職	62.5%	普通のＯＬ、事務職	4.6%
12位	法律系	42.9%	俳優・モデル・アナウンサー・キャスター・気象予報士	62.5%	イベント企画・音楽関係	4.5%
13位	ブティック・アパレル店員	42.9%	ユーチューバー	61.5%	医師・看護師・薬剤師	4.3%
14位	料理人・シェフ	42.9%	プログラマー・エンジニア	60.5%	福祉関係	4.3%
15位	経済経営系	42.6%	農業・漁業・猟師	59.5%	医療系	4.3%
16位	ファッションデザイナー、パタンナー	42.4%	スポーツ関係	59.3%	お笑い芸人・アイドル	4.2%
17位	ホテルマン・飲食店	42.2%	ホテルマン・飲食店	57.8%	美容系	4.1%
18位	福祉関係	41.4%	公務員	57.3%	旅行関係	3.9%
19位	プログラマー・エンジニア	39.5%	料理人・シェフ	57.1%	動物関係	3.9%
20位	ダンサー・ダンスやエアロビのインストラクター	39.3%	金融・不動産関係	55.9%	スポーツ関係	3.7%

資料：カルチャースタディーズ研究所＋天笠邦一＋三菱総合研究所

芸など）、ダンサー・ダンスやエアロビのインストラクター、キャビンアテンダント、農業・漁業・猟師、公務員（警察官・消防士・教員除く）、ユーチューバー、金融・不動産関係、経済経営系（会計士・税理士・コンサルタント・フィナンシャルプランナーなど）、ライター・編集者・新聞記者になりたい女性である。基本的に、経済力があり専門知識がある職業につきたい人は（すでにそういう職業についている人が多いせいもあろうが）離別率も高くなるようである。

こうして見ると、近年の未婚率や離婚率の上昇には、女性が多様な職業で働くようになったことが少なからぬ、何らかの影響を与えていると言えそうである。

†学歴によってなりたい職業は違う

もう一つ、なりたい職業に大きな影響を与えるものとして学歴がある。今回の調査結果も学歴で集計してみた（図表3-3。ただし共通して上位の普通のOL、ケーキ屋、雑貨は表から除いた）。

高卒では、漫画・ゲーム・アニメ制作関係8・5％、美容系7・9％、動物関係7・6％、歌手・ミュージシャン・アニメ声優7・5％、などが上位にくる。

専門学校卒では、美容系が13・1%と他の学歴よりかなり多い。以下、デザイナー8・6%、動物関係8・2%、医療系8・1%、医師・看護師・薬剤師7・7%が上位に登場する。

短大卒では、保育士・幼稚園教諭10・6%が1位であり、他の学歴より多い。以下、美容系7・6%、医療系7・1%といった手がたい資格職種が続く。

四大卒では、公務員8・3%、医療系6・8%、イベント企画・音楽関係6・3%、保育士・幼稚園教諭6・1%、俳優・モデル・アナウンサー・キャスター・気象予報士6・0%、職人系6・0%などとなっている。イベント企画・音楽関係、職人系は、それほど高学歴らしい職業選択とは思えない。実際、短大以下の学歴でもそれらの職種は人気がある。だがたしかに最近は若い人に（しかも高偏差値大学や大学院出身の女性でも）職人志向が強まっている。

そもそも大学進学率が女子でも50%を超えているので、四大卒でひとくくりにするのは無理がある。よりリアルな実態を探るには大学の偏差値などを質問するしかないだろう。

また短大卒で特徴的なのは、従来型の女性的な職業（美容、医療、保育）が上位にくる点である。それに対して四大卒だと従来型の女性的な職業は減り、男性に近づいている。

短大卒は従来型の女性的な職業が上位に来るが四大卒では違う

図表3－3　学歴別・なりたい職業（上位10位）

	高校卒		専門学校・専修学校卒	
	（人）	1322	（人）	780
1位	漫画・ゲーム・アニメ制作関係	8.5%	美容系	13.1%
2位	美容系	7.9%	デザイナー	8.6%
3位	動物関係	7.6%	動物関係	8.2%
4位	歌手・ミュージシャン・アニメ声優	7.5%	医療系	8.1%
5位	保育士・幼稚園教諭	5.6%	医師・看護師・薬剤師	7.7%
6位	職人系	5.5%	職人系	7.6%
7位	医療系	5.4%	漫画・ゲーム・アニメ制作関係	6.7%
8位	イベント企画・音楽関係	5.4%	ブライダル関係	6.5%
9位	俳優・モデル・アナウンサー・キャスター・気象予報士	5.3%	歌手・ミュージシャン・アニメ声優	6.0%
10位	ブライダル関係	5.1%	イベント企画・音楽関係	5.9%

	短大・高等専門学校卒		四年制大学卒	
	（人）	602	（人）	2215
1位	保育士・幼稚園教諭	10.6%	公務員	8.3%
2位	美容系	7.6%	医療系	6.8%
3位	医療系	7.1%	イベント企画・音楽関係	6.3%
4位	職人系	6.1%	保育士・幼稚園教諭	6.1%
5位	動物関係	5.8%	俳優・モデル・アナウンサー・キャスター・気象予報士	6.0%
6位	ブライダル関係	5.3%	職人系	6.0%
7位	デザイナー	5.3%	ライター・編集者・新聞記者	5.8%
8位	歌手・ミュージシャン・アニメ声優	5.1%	美容系	5.5%
9位	俳優・モデル・アナウンサー・キャスター・気象予報士	5.0%	学校、塾の教員	5.4%
10位	旅行関係	5.0%	旅行関係	5.3%

資料：カルチャースタディーズ研究所＋天笠邦一＋三菱総合研究所

これは女性の各方面への進出の成果であろう。若い世代にはわからないだろうが、1986年の男女雇用機会均等法施行以前には、四年制大学の女子学生には企業から就職案内が郵送されてくることすらなかった。男性社員の補助を行う短大卒女子は必要でも、専門的な知識を持つ四大卒は不要だったのだ。だが今の30代以下の世代は短大進学者を四大進学者が上回り、かつては文学部中心だった進学先も社会科学、理科系に広がったのである。

逆に、なりたい職業別に学歴の割合を見てみる。すると、なりたい職業と学歴の関係がかなりわかりやすくなる（図表3-4）。

高卒の割合が高い職業は、ユーチューバー、漫画・ゲーム・アニメ制作関係、ホステス・キャバクラ嬢、歌手・ミュージシャン・アニメ声優、ブティック・アパレル店員、運転手、宅配便ドライバー、動物関係、お笑い芸人・アイドルであり、キャバクラ嬢が栄えある3位である。1位がユーチューバーというのも時代である。

対して四大卒の割合が高いのは、学校・塾の教員、法律系、公務員、金融・不動産関係、経済経営系であり、わかりやすい。

だが四大卒の6位はスポーツ関係（選手、インストラクター）である。これは意外な気がした。しかし考えてみれば、今や一流スポーツ選手になる人はみんな体育大学をはじめと

どの職業につきたいかと学歴には強い関係がある

図表3－4　なりたい職業別・学歴の割合（1～10位と31～41位）

	高校卒		専門学校・専修学校卒		四年制大学卒	
1位	ユーチューバー	38.5%	美容系	25.0%	学校・塾の教員	56.9%
2位	漫画・ゲーム・アニメ制作関係	33.9%	自衛官・警察官・消防士	23.1%	法律系	55.2%
3位	ホステス・キャバクラ嬢	31.4%	デザイナー	21.9%	公務員	54.8%
4位	歌手・ミュージシャン・アニメ声優	30.8%	医師・看護師・薬剤師	19.9%	金融・不動産関係	54.4%
5位	ブティック・アパレル店員	30.0%	建築家、インテリアデザイナー	19.5%	経済経営系	54.0%
6位	運転手、宅配便ドライバー	29.9%	ファッションデザイナー、パタンナー	19.4%	スポーツ関係	52.4%
7位	動物関係	29.4%	ブライダル関係	19.2%	キャビンアテンダント	49.2%
8位	お笑い芸人・アイドル	29.3%	動物関係	18.8%	普通のOL、事務職	49.1%
9位	雑貨屋・インテリアショップ	28.0%	ユーチューバー	18.2%	ライター・編集者・新聞記者	49.0%
10位	ホテルマン・飲食店	26.8%	運転手、宅配便ドライバー	17.9%	テレビ、ラジオ制作関係	46.9%
31位	普通のOL、事務職	19.9%	金融・不動産関係	12.9%	ホステス・キャバクラ嬢	35.8%
32位	農業・漁業・猟師	19.8%	保育士・幼稚園教諭	12.0%	ファッションデザイナー、パタンナー	35.4%
33位	医療系	19.6%	普通のOL、事務職	11.8%	お笑い芸人・アイドル	35.3%
34位	自衛官・警察官・消防士	17.9%	福祉関係	11.6%	医師・看護師・薬剤師	34.6%
35位	経済経営系	17.8%	テレビ、ラジオ制作関係	10.6%	歌手・ミュージシャン・アニメ声優	33.6%
36位	医師・看護師・薬剤師	17.6%	ライター・編集者・新聞記者	9.6%	ブティック・アパレル店員	33.5%
37位	金融・不動産関係	17.5%	学校、塾の教員	9.5%	運転手、宅配便ドライバー	32.8%
38位	プログラマー・エンジニア	17.1%	スポーツ関係	9.5%	動物関係	30.3%
39位	法律系	16.0%	法律系	9.4%	美容系	29.7%
40位	公務員	15.6%	経済経営系	9.4%	漫画・ゲーム・アニメ制作関係	28.2%
41位	学校、塾の教員	8.5%	公務員	7.8%	ユーチューバー	26.6%

資料：カルチャースタディーズ研究所＋天笠邦一＋三菱総合研究所

した四大卒である。ジムでインストラクターをする人も体育大学卒であろう。女性ではないが、今や相撲取りでも半分以上が四大卒だ。とすれば四大卒女性のなりたい職業の6位にスポーツ関係が挙がるのも当然なのだろう。

なお、美容系は高卒、専門卒、四大卒でともに25〜30%ほどと、ほぼ同じ割合である。学歴にかかわらず女性に人気の職業であると言える。

2　なりたい職業とSNS

†なりたい職業とInstagramやTwitterへの投稿の関係

次に、なりたい職業とSNSの使い方を見てみる（質問「過去1カ月間で利用したことのあるソーシャルメディアの機能」）。SNSのうち、最も多い使い方である「Instagramに写真・動画を投稿する」割合が高いのは、なりたい職業ではブティック・アパレル店員であり42・4%。次いでキャビンアテンダント41・8%、ダンサー・ダンスやエアロビのインストラクター41%、お笑い芸人・アイドル40%、美容系37%、ファッションデザイナー、パタンナー36%、などとなっている。

ファッション、ダンス、美容、ファッション、スポーツなど、身体、外見の美に関わる職業につきたい人が多い。美的な仕事をアピールしたり、自分の肉体、容姿、外見の美や、パフォーマンスをアピールするメディアとしてInstagramを使っているのだろうと推測できる。

実際Instagramを見てみると、モデルが自分の売り込みのために画像をアップしているケースが目につく。お店の宣伝に使う人も含まれるだろう。

「Instagramに写真・動画を投稿する」のほか「Instagramのストーリーを投稿する」「Facebookに近況の文章や写真を投稿する」「Facebookのストーリーを投稿する」をまとめて「映像発信系」とすると、スポーツ関係（選手、インストラクター）が48%で1位に浮上する（図表3-5）。まさに身体の職業である。またイベント企画・音楽関係やテレビ・ラジオ制作関係、俳優・モデル・アナウンサー・キャスター・気象予報士も4割ほどである。肉体なり情報なりをプレゼンする仕事につきたい女性が映像発信系のSNSをよく使うことがわかる。

次に、もう一つのSNSの最も多い使い方である「Twitter にツイートを投稿する」割合が高いのは、テレビ、ラジオ制作関係53%。次いでお笑い芸人・アイドル49%、漫画・ゲーム・アニメ制作関係47%、ライター・編集者・新聞記者46%、イベント企画・音楽関係45・4%、歌手・ミュージシャン・アニメ声優、デザイナーが45・2%、プログラマー・エンジニアが44%、ユーチューバーが43%である。

マスコミ系、サブカル系の職業が多い。ユーチューバーが9位というのも現代的な結果である。映像発信系と同様に何かをプレゼンする職業であるとも言えるが、情報やデザインをプレゼンする職業の割合が高い。また第1章で見たように、Twitter にツイートを投稿する人には社会への不満を持つ人が多い。社会に対して批評的だとも言える。ゆえにテレビ、ラジオ、ライター編集者・新聞記者などが挙がるのだろう。お笑い芸人も社会ネタを得意とする人がいるし、漫画もそうであろう。

†なりたい職業がボディ系という女性

さてこれからは、なりたい職業とSNS利用法およびアプリの利用についてさらに分析を深めるが、それぞれについて選択肢が多いので、集計の際の分母を大きくするために、

インスタは美的仕事、
ツイートするのは批評的な仕事

図表3－5　なりたい職業とSNSの使い方の関係

	映像発信系		ツイート系	
1位	スポーツ関係	47.6%	テレビ、ラジオ制作関係	53.1%
2位	キャビンアテンダント	47.5%	お笑い芸人・アイドル	49.1%
3位	ブティック・アパレル店員	46.3%	漫画・ゲーム・アニメ制作関係	46.7%
4位	お笑い芸人・アイドル	45.7%	ライター・編集者・新聞記者	46.0%
5位	ダンサー・ダンスやエアロビのインストラクター	45.5%	イベント企画・音楽関係	45.4%
6位	ファッションデザイナー、パタンナー	42.7%	歌手・ミュージシャン・アニメ声優	45.2%
7位	美容系	41.9%	デザイナー	45.1%
8位	イベント企画・音楽関係	40.1%	プログラマー・エンジニア	44.1%
9位	テレビ、ラジオ制作関係	38.9%	ユーチューバー	43.4%
10位	俳優・モデル・アナウンサー・キャスター・気象予報士	38.4%	ホステス・キャバクラ嬢	40.9%
11位	旅行関係	38.4%	俳優・モデル・アナウンサー・キャスター・気象予報士	40.3%
12位	ホステス・キャバクラ嬢	38.0%	自衛官・警察官・消防士	38.5%
13位	保育士・幼稚園教諭	37.3%	ファッションデザイナー、パタンナー	38.3%
14位	ライター・編集者・新聞記者	35.6%	スポーツ関係	38.1%
15位	ブライダル関係	35.3%	ブティック・アパレル店員	37.4%
16位	ユーチューバー	35.0%	ダンサー・ダンスやエアロビのインストラクター	34.3%
17位	歌手・ミュージシャン・アニメ声優	34.6%	動物関係	33.8%
18位	デザイナー	33.0%	公務員	33.8%
19位	ホテルマン・飲食店	32.4%	福祉関係	33.5%
20位	動物関係	32.4%	経済経営系	33.2%

注：ツイート系は「Twitterにツイートを投稿する」のみ
資料：カルチャースタディーズ研究所＋天笠邦一＋三菱総合研究所

三つそれぞれについて似たようなもの同士にまとめて分類をして分析をする。

たとえば、なりたい職業の分類のうち、肉体的な強さにかかわる職業分野を「ボディ系」（最近の流行語で言えば「筋肉女子系」）、外見の美しさにかかわる職業分野を「ビューティ系」などとした。他には、ホテル・レストラン系、普通系、サブカル系、医療・福祉系、エリート系という分野をつくった（詳しくは245頁資料参照）。

ビューティ系が以前から女性に多い職業が中心であるのに対して、ボディ系はこの10年ほどの間に女性で増えた職業が中心であると言える。

たとえばスポーツジムの従業者数は（インストラクターだけではないとはいえ）2000年の約2400人から2015年には約4000人に増えており（経済産業省「特定サービス産業動態統計調査」）、女性の従業者も増大したはずである。

また年齢別になりたい職業の分野を見ると、20—24歳の女性ではボディ系、ビューティ系、サブカル系が多く、普通系が少ない（図表3-6）。これは、若い人ほど、肉体や外見の美、強さを必要とする仕事に、そしてメディア、サブカル関係の仕事につこうとするからである。

若い人ほど肉体の美、強さを必要とする仕事につこうとする

図表3－6　年齢別・なりたい職業分野（複数回答／%）

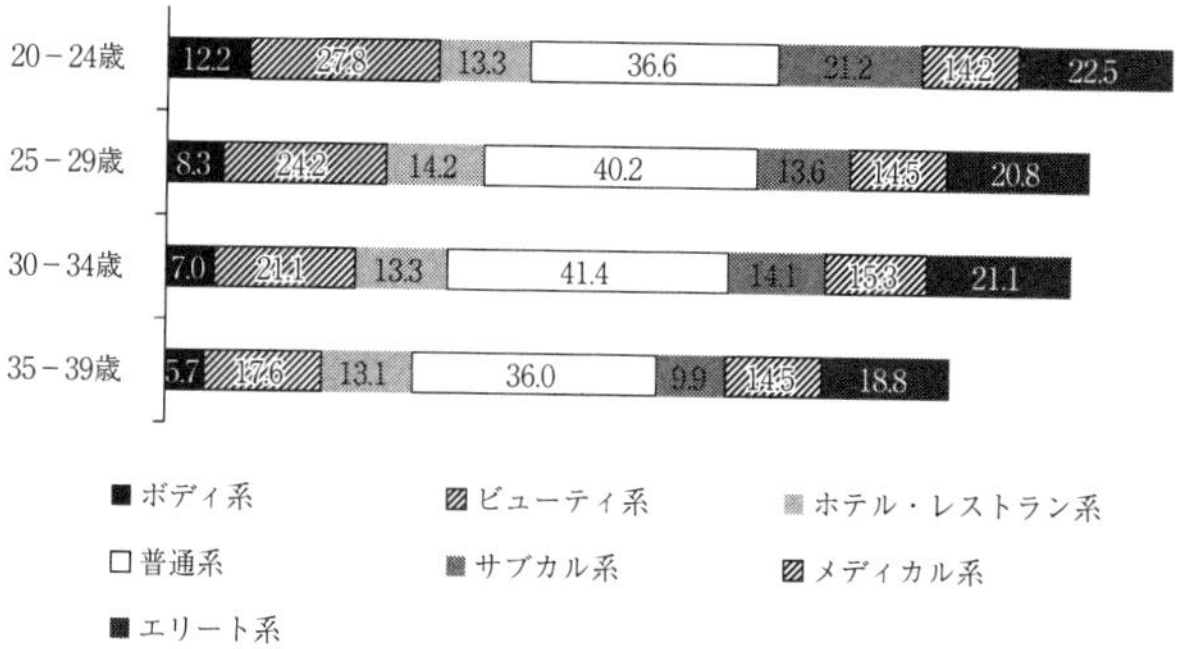

ボディ系はSNSで自分を露出する人が多い

図表3－7　なりたい職業分野別・利用アプリ分野（複数回答）

	インスタ映え系	自己露出系	情報系	ゲーム系	占い系	金融系	マッチング系
ボディ系	29.7%	24.1%	20.8%	17.0%	14.4%	7.5%	11.3%
ビューティ系	28.0%	18.6%	19.0%	12.4%	12.3%	3.5%	8.3%
ホテル・レストラン系	27.1%	18.3%	17.1%	9.5%	9.5%	4.2%	7.9%
普通系	24.1%	13.2%	18.2%	10.3%	9.2%	3.3%	5.6%
サブカル系	24.6%	14.5%	24.2%	17.7%	12.4%	4.6%	10.1%
医療福祉系	23.8%	15.8%	16.4%	8.0%	8.6%	3.4%	4.9%
エリート系	20.4%	12.9%	18.1%	8.6%	9.4%	5.3%	6.6%

資料：カルチャースタディーズ研究所＋天笠邦一＋三菱総合研究所

†ボディ系、ビューティ系は、インスタ映えを狙い、自己を露出する

次に、なりたい職業の分野別にSNSのアプリの利用状況を見てみる（図表3-7）。

ボディ系、ビューティ系、ホテル・レストラン系は、InstagramなどのSNSを検索して食べに行くレストランを決めるとか、おいしい食事やかわいい風景などのインスタ映えする写真をInstagramに投稿する、など、第2章で述べた「インスタ映え系」のアプリの利用が多い。

加えてボディ系は、ファッションアプリにコーディネートを投稿する、自分の顔が映った写真をInstagramやTwitter、Facebookに投稿する、料理のレシピや動画を投稿する、といった「自己露出系」の利用も多い。

このようにボディ系の女性は、いわゆる「インスタ映え」的な使い方をする女性の中心をなしつつ、かつ自分自身の顔やファッションや料理をSNS上に露出することにも積極的なのである。

これは、ボディ系の女性が自分の肉体や外見の価値を重視する人たちであるというところから考えて当然であろう（ただしボディ系のすべての特徴が自己露出系と似ているわけでは

ない)。

かつボディ系は、メルカリなどの売買系アプリの利用も36%と最多。恋人さがしなどのマッチング系アプリも最多であるなど、どの分野のアプリも利用率が1位か2位と多い。

つまりボディ系女子は、全体の中では12%ほどを占めるだけなのだが、SNSの利用の仕方については最も積極的なタイプなのだと言える。

逆にエリート系は、インスタ映え系のアプリも自己露出系のアプリも利用が最も少ない。企業などに勤務する人が多いから、そういう利用方法が制約されるからである。

3　ボディ系はかつてのギャル系である

†ボディ系女子にとっては自分の体がメディアである

前節までで、肉体的、外見的な価値が重要な職業につきたい人＝ボディ系は、写真や映像を投稿するためにSNSをよく使うこと、また、いわゆる「インスタ映え」や「自己露出」という目的を中心にSNSを使うことが多いということがわかった。

そこで本節では、そもそもボディ系の女性はどのような属性を持ち、他にどのような行動をし、どのような価値観を持つ女性たちなのかについて分析する。

まず、日頃「スタイルを維持するため、筋力トレーニングやヨガ等を行なう」かどうかを聞いた質問では、「あてはまる」という人がボディ系では9％と最も多く（全体では6％）、「ややあてはまる」でも16％と最も多い（全体では12％）。

また、余暇活動について聞いた質問では、ボディ系はウォーキング、ジャズダンス・エアロビクス、ジョギング、水泳（プール）、自転車・サイクリングをする人が最も多く、ヨガ・ピラティス・太極拳も1位とほぼ同率である（図表3-8）。

逆に「スタイルを維持するため、筋力トレーニングやヨガ等を行なう」程度別になりたい職業分野の割合を集計すると、「あてはまる」人ではボディ系が17％と最も多く、「ややあてはまる」人でもボディ系が15％と最も多い。

ボディ系は余暇時間にスポーツをしたり、ジムで体を鍛えたり、ヨガで体を整えたりということが好きなタイプであることがわかる。

そして鍛えた体を自撮りし、（しばしば動画で）Instagramなどにアップする。それが褒《ほ》

ボディ系はヨガ、筋トレなどに熱心

図表3－8　なりたい職業分野別・主な余暇行動

	ウォーキング	ジャズダンス・エアロビクス	ジョギング	水泳（プール）	自転車・サイクリング	海水浴	ヨガ・ピラティス・太極拳	剣道・柔道・空手・合気道などの武道
ボディ系	22.6%	6.4%	9.2%	7.5%	6.8%	11.3%	11.1%	1.9%
ビューティ系	18.1%	2.5%	6.6%	4.8%	5.2%	9.2%	9.8%	0.7%
ホテル・レストラン系	22.4%	2.7%	8.1%	4.9%	6.5%	12.3%	11.3%	1.4%
普通系	18.8%	1.7%	5.5%	3.4%	4.7%	9.4%	8.8%	0.6%
サブカル系	19.5%	2.1%	6.5%	3.7%	5.6%	6.0%	9.3%	1.2%
医療福祉系	18.5%	2.5%	6.3%	4.5%	5.1%	10.5%	8.8%	1.1%
エリート系	20.0%	2.2%	7.7%	4.7%	5.0%	8.7%	10.2%	1.4%

資料：カルチャースタディーズ研究所＋天笠邦一＋三菱総合研究所

められ、ますます体を鍛えるインセンティブになる、という好循環を生むのである。だからボディ系女性にとっては、いわば体がメディアなのだ。

†ボディ系女子増加の社会的・文化的背景

このようなボディ系女子はなぜ増えたのか。

たしかに、今回の調査対象者たちが生まれ始めた1980年代初頭には、ジャズダンス、エアロビクスが流行し、女性が体を美しく鍛えることが当たり前になった。82年にはアメリカの有名女優ジェーン・フォンダがエクササイズのビデオを発売し世界中で売れた。84年のロサンゼルスオリンピックからは女子マラソンが正式競技となった。その後、柔道、レスリング、重量挙げなど、力の強さを競うスポーツでも女子選手が活躍するようになった。

86年には映画『エイリアン2』で主人公のシガニー・ウィーバーがまさに筋肉女子として宇宙人と激闘したが、それ以降、映画の中の女性は非常にしばしば武闘派の筋肉女子として空手などを駆使して戦い始めた。91年の『ターミネーター2』の母親もしかり。2002年からの『バイオハザード』シリーズも99年の『マトリックス』もそうだ。その影響か、女性がボクシング、空手などの武闘をすることも増えた。

ポップスの世界では80年代、マドンナが鍛え上げられた肉体とダンス、セクシーなパフォーマンスによって、それまでの女性のイメージをくつがえした。その影響を受けて日本でも90年代からダンスミュージックが盛んになり、TRF、安室奈美恵などが大ヒットを飛ばした。

特にボディ系の増大にとって大きな影響を持ったのは、安室かもしれない。安室は95年、まだ18歳のときにダンスグループのSUPER MONKEY'sから独立し、いきなりスターダムに上り詰め、「アムラー」と呼ばれるファンを生んだ。

同時期、ギャル文化が隆盛し、渋谷のファッションビル109を聖地とするギャルファッションが大流行し、やせた体型にミニスカート、日焼けサロンで黒く焼いた肌に厚底ブーツで彼女たちは街を闊歩した。

ギャルの流行が去っても、安室は２０１８年の引退まで20年間トップスターであり続けた。そして18歳の時の体型と動きを維持し続けた。しかも彼女は97年にＴＲＦのＳＡＭと「できちゃった婚」をして、98年に出産しているのだ。かつ２００２年に離婚。子どもを産んでも離婚をしても、ずっとかっこよくあり続ける女性の理想像（神！）として安室は存在した。

また今回の調査対象者である20～30代の世代は、幼い頃（あるいは生まれる前）に男女雇用機会均等法が施行されていた（１９８６年）。四年制大学進学率が30％以下から50％以上に上昇していった世代でもある。だから、男性のように総合職で働く女性が増えた。女性がずっと働き続けることは当然だと思って育っただろう。働き続けるためには（痴漢を退治するためにも）男性に負けない体力が必要だと考える女性が増えたのは頷ける。

このように１９８０年代から２０００年代初頭にかけて、時代の理想の女性像は、男性に守られるだけの存在から、みずからを守る経済力と筋力を持った女性に変貌したのだ。

最近の新しい女性向けボクシングジム（というかボクササイズというボクシングの練習を

通じてエクササイズをするジム）に「b-monster」というところがあり、広告ではロングヘアでスタイルの良い野性的な女性がモンスターになるべくボクシングをしている。私の知人に、30代前半のキャリア女性で、非常に外見が可愛い人がいるが、見かけによらずボクササイズをしているらしい。一度けっこうセレブな彼氏ができたが、彼氏があまりに彼女につきまとうので、彼女はうっとうしくなって彼を振ってしまったそうだ。昔の女性だと考えにくい行動である。

†ギャル文化が消滅し、一人で強く生きていくボディ系女子の時代へ

ただし、この後で見るように、ボディ系女子の学歴は高いわけではない。男性並みに働く、と言っても、エリート系の（頭脳系の）職業につくのが当然だという女性とは限らないのである。

そう考えると、ボディ系女子はよりいっそう、学歴の代わりに肉体の強さ、美しさを社会で生き残っていくための手段と捉えているのではないかという仮説も成り立つ。もちろん肉体だけでなく、容姿も美しくするタイプであろう。

言い換えると、ちょっと唐突かもしれないが、ボディ系女子は、20年ほど前ならギャル

だったタイプの女性の現在形ではないのかと推測されるのだ（図表3-18参照）。かつてのギャルは、スタイルの良さ、容姿の良さ、セクシーさ、明るさ、かわいさなどを重視し、若くして結婚して子どもをつくる傾向が強かった。だが、そうしたギャル文化は近年衰退し、ギャル向け雑誌は軒並み休刊した。単に奇抜なファッションが飽きられたからというだけではない。女性の社会進出という社会潮流の中で、言い換えると女性が男性に頼れない（頼らない）社会の中で女性が「輝く」ためには、ギャルという生き方は無効になったのであろう。

ヤンキーだがよく働く男と若いうちに結婚して子どもを産むというかつてのギャルの典型的なライフコースは、近年はあまり見なくなった。男性の稼ぐ力が落ちたことも影響しているだろう。かつてならギャルであったタイプの女性でも、今は、自分一人で生きていかねばならない強い女性に変わらざるをえなくなったのではないか。かつてはほぼ男性だけだった工事現場でも宅配便ドライバーでも、女性が増えた。

1999年に19歳でギャルママだった女性は今は39歳になり、娘は20歳で孫が1歳である。そういう「元ギャル」のバーバは下町や郊外の熟女キャバクラにはいくらでもいる（というか、そういう人ばかりである）。しかし20歳の娘はギャルファッションではない。きっとボディ系なのだ。このことはいくら統計をいじくってもうまく証明できないが、私の経験と観察に基づく推測である。

†ボディ系女子は浴衣を着て、社会経済系の雑誌を読む

だが、なんとか「ギャル→ボディ系転換説」という仮説を傍証してみよう。「ジェネレーションZ調査」でも明らかだったが、今から10年ほど前にイオン、マルイ、ドン・キホーテなどが浴衣《ゆかた》を売り場でプッシュし、花火大会に男女が浴衣姿（男子は甚平もある）でデートに出かけるということが増えた。当初その中心にいたのがギャル系だった。今浴衣を着るのはギャルに限らない行動だが、最初はギャル系女子だった。

そこで、今回の調査で現在「浴衣（ゆかた）や着物を着る」」かどうかを集計すると、ボディ系では「あてはまる」「ややあてはまる」が合計で約20％と最も多い（図表3-9）。あくまで傍証だが、興味深い傾向である。

また日頃購読する雑誌を分野別に集計しても、ボディ系はファッション雑誌をよく読み、女性週刊誌もよく読む。このへんにもギャル系の片鱗がうかがえる（図表3-10）。

だがボディ系は、同時に『日経ＷＯＭＡＮ』などの社会経済系の雑誌を読む人も、他の

ボディ系は浴衣や着物を着る人が多い

図表３-９　なりたい職業分野別・浴衣や着物を着る（%）

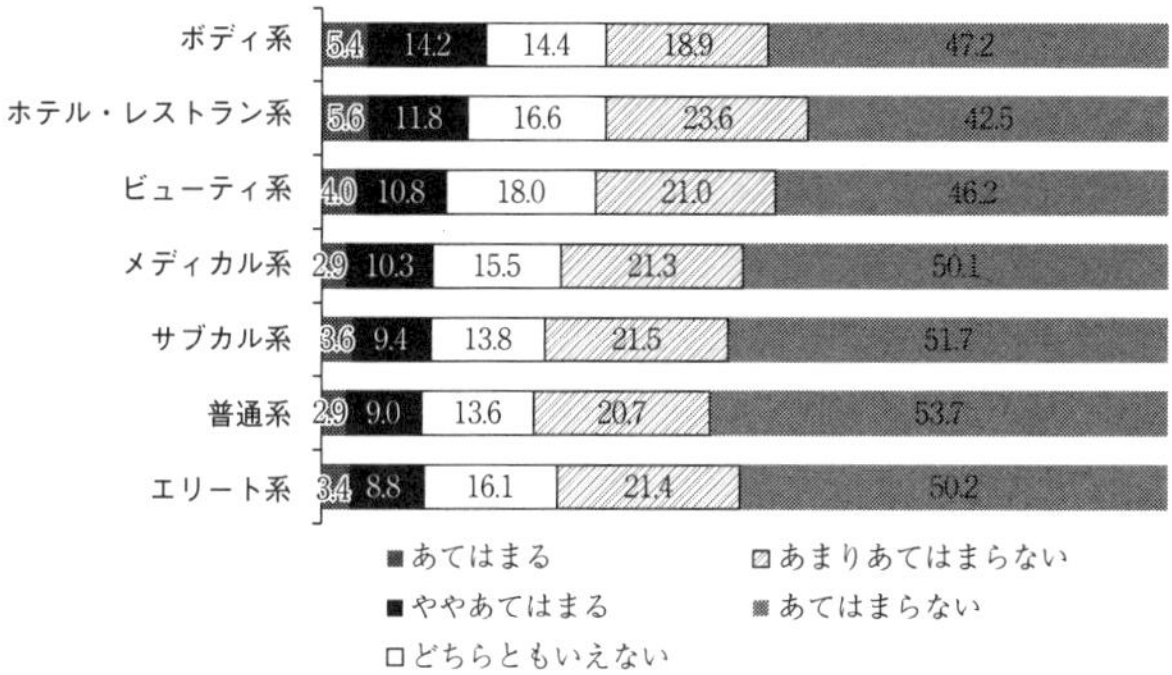

ボディ系は社会経済系雑誌をよく読み、エリート系は家庭雑誌を読む

図表３-10　なりたい職業分野別・購読する雑誌の分野

	ファッション系	社会経済系	女性週刊誌系	家庭系	その他
ボディ系	22.9%	9.0%	9.0%	8.0%	89.4%
ビューティ系	22.7%	7.3%	5.6%	8.5%	87.9%
ホテル・レストラン系	21.8%	9.0%	4.9%	10.3%	88.1%
普通系	17.5%	6.0%	3.9%	9.5%	89.8%
サブカル系	18.9%	8.6%	6.2%	8.4%	90.2%
メディカル系	17.3%	5.8%	5.6%	10.4%	90.6%
エリート系	18.7%	8.2%	4.6%	10.4%	89.0%

資料：カルチャースタディーズ研究所＋天笠邦一＋三菱総合研究所

職業分類よりも多いのである。女性がずっと一人で生きていくためには社会経済情報が必要だと思ってこれらの雑誌も読むのであろう。

面白いのは、エリート系は家庭系雑誌をよく読むという点である。社会経済系もまあ良く読んでいるが、ボディ系やホテル・レストラン系よりわずかだが少ない。イメージ的にはエリート系ほど社会経済系雑誌を読み、家庭系雑誌を読まない感じがするが、逆なのだ。おそらくエリート系の職業につきたい女性は、もはや一般に売られている雑誌や新聞の情報では満足できず、専門誌、専門書、インターネットなどに情報源が移行しているのだろう。

ああ、そうか、だからか、と思うのは最近のビジネス書の傾向である。難しい経済経営書的なビジネス書は減り、具体的で実践的なものが増えた。雑談の仕方などという本まである。表紙カバーも字が大きく、何が得になる情報が書いてあるのか、でかでかとタイトルに書いてある。また、ビジネスそのものの情報ではなく、疲れない体を作るとか、折れない心をつくるといった、肉体と精神の改造方法についての本がビジネス書として多数売られるようになった。こういう本の読者の多くをボディ系女子が占めているのではないか。

そう思うと、最近会った女性の顔がつぎつぎと浮かぶ。ある美容系企業の女性経営者はスマホに最近読んだ本の写真を保存してあり、わたしにそれを見せてくれたのだが、私からすれば、誰がこんな本を読むのかと不思議だといつも思っている本がずらりと並んでいた。ああ、こういう人が読むのかと、実に納得したのである。

ビジネス書業界の人に聞いても、最近のビジネス書の購読者の3割は女性だという。その中心にいるのはエリート系女子ではなくボディ系女子ではないだろうか。

コラム6　筋肉女子インタビュー（三浦）

筋肉は努力しただけつけられるので達成感がある

ボディ系女子の分析をもとに、あるスポーツジムのインストラクターをしている女性（Xさん）にヒヤリングをしてみた。

ジムに来る女性は、美容と健康を目的とする既婚の30代が多いという。属性はOL、自営業、主婦などさまざま。30代主婦で、ずっとジムに通い続けて筋肉をつけている女性も多いという。

たしかに私も、タワーマンションが林立する地域のショッピングセンターにある書店に行ったとき、筋トレやヨガなどによるダイエット本が幅2メートルくらい並び、特にダンスユニットTRFのDVD付きダンスダイエット本がベストセラーで山積みになっているのを見たことがある。

また、ジムに来て鍛える女性には、一人で生きていく力をつけたいという欲求があるのだろうとXさんは言う。そこで「スタイルを維持するため、筋力トレーニングやヨガ等を行なう」かどうかと、「自分で自分のやることを決めていきたい」かどうかをクロス集計してみた（コラム図表1）。

するとたしかに筋トレ・ヨガ女子は、自分で自分のやることを決めていきたいという割合が際だって高いことがわかる。筋トレ・ヨガが「あてはまる」女性の52％（未婚は54％）が、「自分で自分のやることを決めていきたい」について「とてもそう思う」と回答。「そう思う」と合計すると87％（未婚は89％）にもなるのだ。20―30代女性全体では「自分で自分のやることを決めていきたい」について「とてもそう思う」人は23％（未婚は25％）しかいないので、かなりはっきりした傾向である。ただしボディ系女子で同じ集計をしてもこうした傾向は出ない。

また「金持ちになって高級品を持ちたい」「人生の勝ち組になりたい」「責任ある立場で

筋トレ女子は自立志向が強い

コラム図表1　自分で自分のやることを決めていきたい割合（20–39歳）

	とてもそう思う	そう思う	どちらともいえない	そう思わない	まったくそう思わない
あてはまる	52.2%	34.9%	10.2%	2.0%	0.7%
ややあてはまる	24.6%	52.1%	21.3%	1.0%	1.0%
どちらともいえない	14.0%	38.8%	43.5%	2.1%	1.5%
あまりあてはまらない	20.2%	49.6%	25.6%	3.5%	1.1%
あてはまらない	25.1%	49.0%	22.3%	1.9%	1.6%

三菱総合研究所「生活者市場予測システム（mif）」2018

筋トレ女子は未婚率が高く、孤独を感じる

コラム図表2　筋トレをする程度と幸福度・生活全般満足度・未婚率・孤独の相関（30–34歳）

	とても幸せである	幸せである	満足	どちらかといえば満足	未婚率	とても孤独を感じる	孤独を感じる
あてはまる	19.8%	43.2%	21.0%	33.3%	49.4%	14.8%	17.3%
ややあてはまる	7.2%	49.7%	3.9%	47.1%	42.5%	6.5%	17.6%
どちらともいえない	7.0%	46.8%	4.7%	37.1%	41.1%	6.4%	13.0%
あまりあてはまらない	8.4%	50.2%	6.0%	41.0%	34.5%	4.0%	20.9%
あてはまらない	12.6%	44.0%	7.2%	38.9%	33.2%	8.1%	17.9%

資料：カルチャースタディーズ研究所＋天笠邦一＋三菱総合研究所

人を指導したい」といった価値観の人も、筋トレ・ヨガ女子には多い。

他方、「他人が必要としていることに対応したい」「周囲の人を助けたい、面倒をみたい」「自分ひとりの幸せよりもみんなの幸せを考えたい」について、「とてもそう思う」人も際だって多い。

つまり筋トレ・ヨガ女子は、上昇志向も強いが、利他志向も強い人たちだと言える。

ずっと一人で生きていくかもしれない

また、Xさんによれば、筋肉は努力しただけつけられるので達成感がある。美しい腹筋は見せたくなる。自分の理想型に近づいていくのが快感なのだろう、と言う。そして、筋肉をつけることで、意志を言葉ではっきり主張できるようになる。表情が豊かになる。幸福感が増すのだとも言う。集計をしてみても、筋トレ・ヨガ女子は幸福度も生活満足度も高い（コラム図表2）。

でも、「たしかに彼氏はいない人が多いかも」とXさんは言う。なるほど、筋肉をきれいに見せるために色が黒い人もいるから、乃木坂46やAKB48みたいに色白で少しぽっちゃりを好む一般的な男性にはウケないかもしれない。そのせいもあるのか、ヨガをする人は未婚率が高い気がするし、孤独な人が多いと思うとXさんは言う。

そこでまた集計をしてみた。すると30―34歳の女性については、筋トレ・ヨガに「あてはまる」人は未婚率が高く、「とても孤独を感じる」が15%と多いという結果が出た。30歳を過ぎて未婚で孤独を感じる女性が、これから私はずっと一人で生きていくかもと考えたとき、筋トレ・ヨガで体を鍛えるという選択が浮かぶのかもしれない。

こうした筋トレ・ヨガ女子、あるいは筋肉女子一般のアイドル、ロールモデルはＡＹＡという女性だという。職業はボディメイクトレーナーあるいはクロスフィットトレーナーという。１９８４年生まれ。１７５センチという高身長。体育大学を卒業後、スポーツジムで働きながらモデルをしていた。アメリカのモデルを見てその筋肉の美しさに目覚め、みずからの体を改造。今は、中村アン、黒木メイサ、道端アンジェリカから芸能人のトレーナーとしても活躍している。

AYA『Aya Body』（朝日新聞出版）

私自身は（当然ながら）この本を書き始めるまでＡＹＡという女性のことはまったく知らなかったが、今やボディ系女子にとってだけでなく、大変なカリスマらしい。

そういうわけで、私も最近あまりに筋力の衰えを感じていたところだったので、YouTube

から筋トレ映像を選んで、いちばん簡単なものを始めてみた。腕立て伏せどころか、単に腕を立てて体を支えて1分、それからヨガの基本ポーズで体幹を鍛える効果があるという、肘をついて体を支えるポーズを30秒など4種類8クール、合計5分の簡単なものだ。

ところが、これを5日やっただけで全然違ってきた。筋トレを終えた直後は思わず正しい姿勢で歩いてしまうし、だんだんお腹が硬くなってきたし、苦手だった腕立て伏せがうまくできるようになったのだ。

これかあ、筋トレの快感は！　着実に成果が出る。しかも1日数分で。まあ、英単語のドリルや数学の練習問題を毎日少しずつやるのと同じことなのだが、継続は力なりと実感した。私は三日坊主なのであと何日続けられるかわからないが、しばらく私に会っていない人は、今度会ったらびっくりするかもよ。あれ、私もいつか一人で生きていくと決意したのか？

4　なりたい職業の階層格差

†ボディ系女子は上昇志向が強い

次に、ボディ系女子がかつてのギャル系でありながらも、今は一人で働く意欲や上昇志向を持ったタイプであるという仮説を、なりたい職業別の階層意識から傍証してみよう。

まず、人生に対する価値観の質問で、上昇志向の強さを表す「人生の勝ち組になりたい」「金持ちになり、高級品を持ちたい」「実力を発揮し、人から賞賛されたい」「責任者となり、他人を指導したい」という項目で「そう思う」かどうかを見てみる（図表3-11）。

すると、いずれの項目でもボディ系は最多なのである。こういう上昇志向は2007年調査のキャバクラ嬢になりたい女子にもあった。キャバクラ嬢になりたい女子の傾向と経営者になりたい女子の傾向に共通点があったのである。

具体的には「楽にお金をもうけたい」「容姿に自信がある」はキャバクラ嬢になりたい女子と経営者になりたい女子で共通して高かった。キャバクラ嬢になりたい女子は、容姿への自信を武器にして、あとは先を見る目と計算力の確かさがあれば、たしかに経営者になれるだろう。少なくとも営業の仕事でうまくやる可能性は高い。

実際、渋谷109のブティックでカリスマ店員と呼ばれた女性には、MOUSSY（マウ

ボディ系は勝ち組、金持ちになりたい人が多い

図表3-11　なりたい職業分野別・上昇志向

	人生の勝ち組になりたい	金持ちになり、高級品を持ちたい	実力を発揮し、人から賞賛されたい	責任者となり、他人を指導したい
ボディ系	28.1%	19.6%	20.5%	7.3%
ビューティ系	24.5%	17.9%	19.0%	4.4%
ホテル・レストラン系	22.0%	15.3%	18.5%	5.0%
普通系	17.2%	11.8%	13.0%	2.8%
サブカル系	21.9%	13.7%	18.5%	3.7%
医療・福祉系	17.5%	12.3%	14.0%	4.5%
エリート系	21.1%	15.5%	16.2%	4.4%

資料：カルチャースタディーズ研究所＋天笠邦一＋三菱総合研究所

ジー）というブランドのプロデューサーとなりその後自分の会社を立ち上げて社長になった女性がいるし、渋谷のギャルを30年間調査してきたマーケッターに聞いたところ、かつてのギャルでも偏差値の高い女子を中心に、経営者になるか金融機関に勤めているケースは多いという。第2章で見た利用アプリ分野を集計しても、金融系アプリを使う人はエリート系とボディ系で多い。

私の会社で少しバイトをしていた女性（1989年生まれ）も、高校生時代は渋谷センター街のギャルだった。偏差値が50くらいの中高一貫私立女子校で、大学もエスカレーターで行けた。しかしセンター街で女子高生マーケティングのインタビューに答えたことを

きっかけにマーケティングに関心を持ち、ちゃんと仕事をするならもっといい大学に行こうと勉強し、有名女子大に入学。結果、大手証券会社に入社した。今は大手イベント会社に転職したから、なりたい職業分野の人気職種についたと言える。

ギャルたちの一部は強い上昇志向を持ち、今や社長や大手企業の社員なのだ。彼女たちが、現在のボディ系の一角をなしているのではないか。

†なりたい職業と階層の関係

このように、ボディ系は上昇志向が強いのだが、客観的階層としては高くない（図表3-12）。学歴で四大卒以上の割合は4割を切り、雇用形態で正社員も4割を切る。専業主婦の割合は18％しかなく、未婚率も高めである。交際している異性がいる割合も少ない。生活全般に満足している人も42％しかない。将来の生活がとても不安だという人は31％であり、なりたい職業分野別ではほぼ最多である。意外なことにサブカル系と近いのだ。

30代未婚女性の個人年収を見ても、ボディ系女子は100万円未満が24％、100～200万円未満が20％とサブカル系、ビューティ系に次いで年収が低い（図表3-13）。上昇志向が強くても現実に収入を上げて階層上昇できるボディ系は多くないということだろう。

ボディ系は学歴が低く、正社員率も低い

図表3−12　なりたい職業分野別・階層と意識

	学歴が四大卒以上	正社員	専業主婦	未婚	交際している異性あり	生活全般に満足	将来生活がとても不安
ボディ系	39.1%	38.4%	18.4%	57.8%	27.6%	42.0%	30.9%
ビューティ系	38.6%	43.5%	22.1%	56.0%	33.0%	43.7%	27.8%
ホテル・レストラン系	43.6%	49.1%	28.0%	46.4%	37.9%	51.2%	23.6%
普通系	45.6%	47.1%	30.0%	46.0%	36.1%	49.3%	25.6%
サブカル系	41.3%	38.8%	14.5%	67.3%	29.0%	38.8%	31.3%
医療福祉系	43.7%	46.9%	29.0%	42.1%	34.3%	50.4%	24.7%
エリート系	54.1%	49.1%	22.8%	49.9%	35.3%	50.5%	49.9%

資料：カルチャースタディーズ研究所＋天笠邦一＋三菱総合研究所

現状に満足だが将来に不安な若者が主流、というのは嘘

なお、将来の不安の話が出たついでに言えば、生活全般への満足度と将来の生活への不安をクロス集計すると（図表3‐14）、たしかに、テレビコメンテーターの古市憲寿が言うように、現状の生活に満足だが将来に不安を感じる人が5442人中1320人と最も多い（全体の24％）。

しかし、不満で不安を感じる人も1092人（20％）である。そして、満足度について「どちらともいえない」「わからない」で不安を感じる人は897人であり、「不満」と「どちらともいえない」を合計すると1989人（37％）である。

つまり満足で不安を感じる人より、満足していない、くて不安を感じる人のほうが5割近く多い。だから

ボディ系の年収は高くない

図表3-13 なりたい職業分野別・年収階層(30代未婚女性／%)

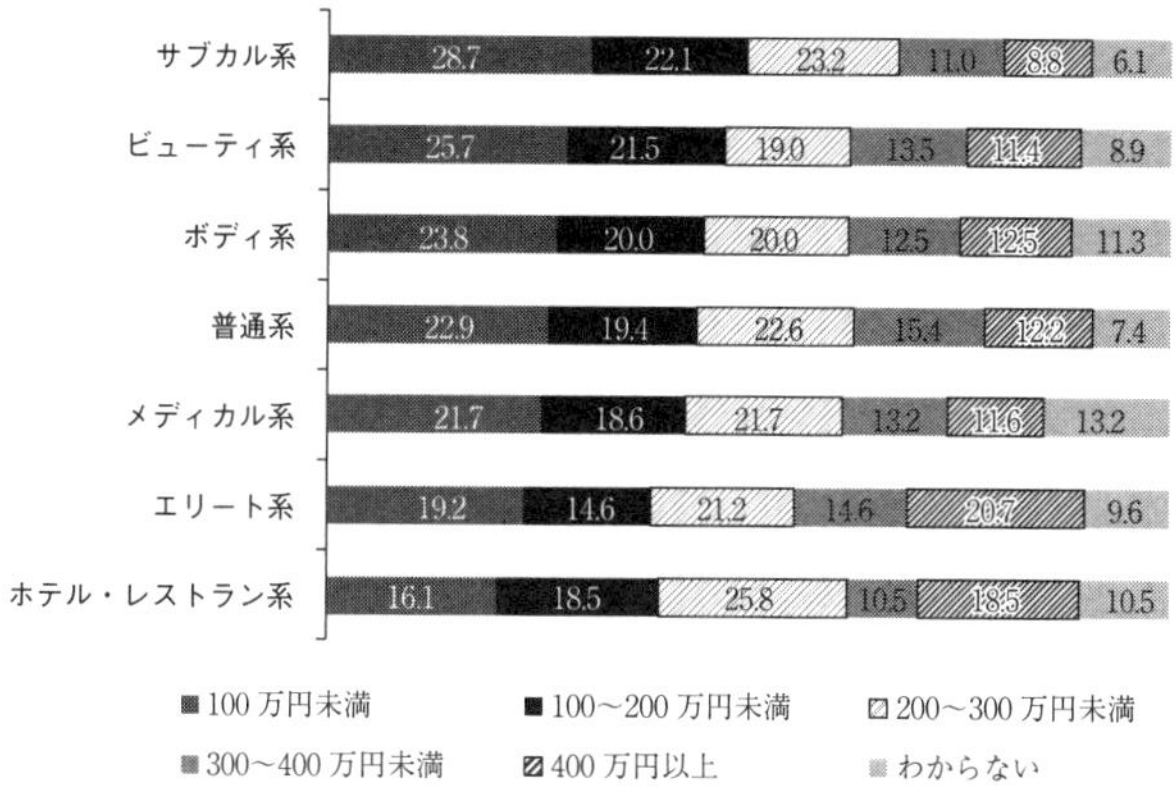

生活に満足せずに、将来に不安を感じる人が多数派

図表3-14 生活全般への満足と将来の生活への不安の相関(n＝5442)

	合計	不安を感じる	不安を感じない	どちらともいえない、わからない
合計	100.0%	**60.8%**	13.5%	25.7%
満足	45.8%	**24.3%**	10.0%	11.6%
不満	24.1%	**20.1%**	2.0%	2.0%
どちらともいえない、わからない	30.2%	**16.5%**	1.6%	12.1%

資料：カルチャースタディーズ研究所＋天笠邦一＋三菱総合研究所

女性は20代から50歳くらいまで男性より不安が大きい

図表3-15　男女、年齢別・将来の生活への不安

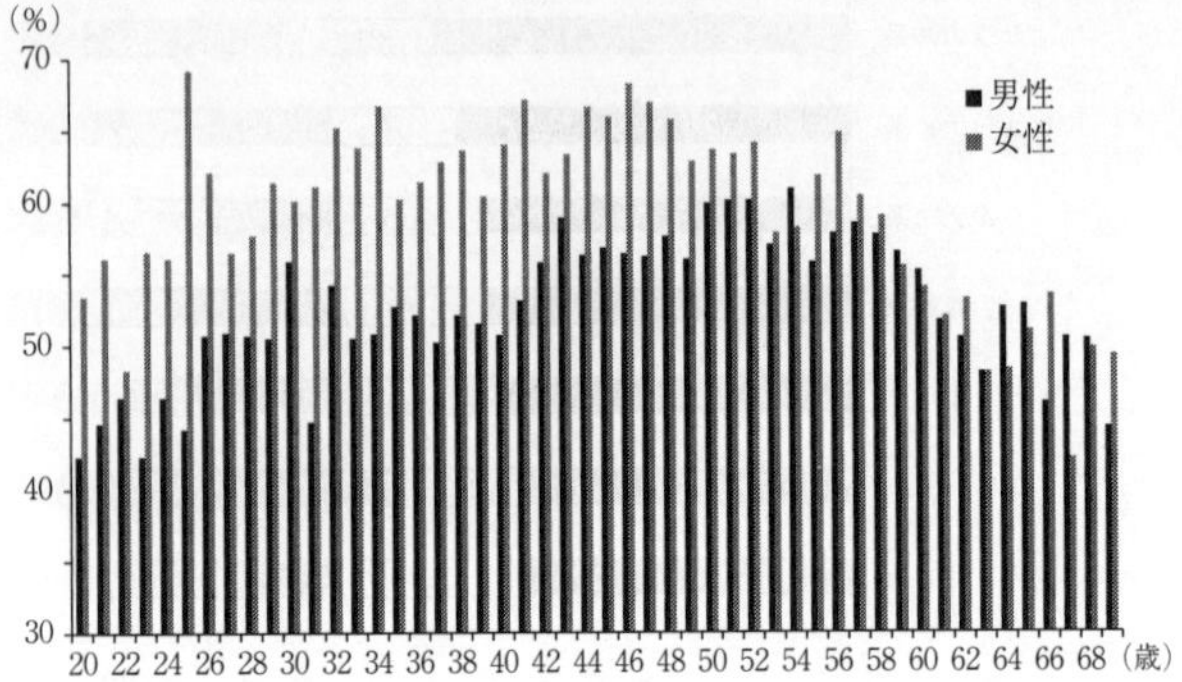

三菱総合研究所「生活者市場予測システム（mif）」2018

現状の生活に満足しているが将来には不安を持つのが現代の若者の主流だというのは間違いである。

均等法以後の不安な女性が筋力を求める

　また、今回の調査ではなくｍｉｆ全体のサンプルを男女別、年齢別に見たとき、将来の生活への不安を持つ人は、女性では20代から50代初頭まで漸増し、かつつねに男性より多い（図表3-15）。また30歳くらいから55歳くらいまでは不安な人がほぼ6割台である。

　男性も加齢と共に不安が増すが、特に40代に不安が高まって54歳で不安が最大になる。年齢的に年収も健康も低下しはじめる

人が多いからであろう。

女性の不安が30歳から55歳まで一貫して6割台であり、かつ男性より大きいということは、おそらく年齢による影響と世代による影響が合成された結果であろうと私は考える。

つまり、世代的にはほぼ1986年の雇用均等法以降に社会に出た世代であり、かつ30歳を過ぎて、結婚、出産などでさらに忙しくなる女性も増え、逆に結婚しないままなのかと不安を感じる女性も増える、ということではないか。また離別した女性の増加の影響も考えられる。

55歳より年上の世代は基本的には専業主婦が主流の世代である。だから基本的には女性は男性より不安が小さい。

均等法ができても、男女の差別は簡単になくならず、バブル崩壊後は学卒後に正社員になれる可能性も減少した。にもかかわらず、女性よ輝け、稼げ、子どもも産めと言われているのである。それで不安にならないほうがおかしいだろう。健康面と経済面の不安が男性上に大きいことは間違いない。

そしてその不安こそが筋力の増強を求めさせるのだ。健康こそが経済力を含めたすべての人生の成功の基礎だからだ。

実際、先ほど見たように、ボディ系は将来生活に「とても不安を感じている」人の割合が30・9％であり、サブカル系の31・3％とほぼ同じで、他の職業分野よりもとても不安だという人が多いのである。

だから、ついでに言えば、もしこうした均等法以後の働く女性の不満と不安が取り除かれれば、アベノミクスだかウーマノミクスだかは、一部の高所得女性だけでなく、低所得層の女性までを相当数含めた形で成功することになるだろう。

†ボディ系の階層意識の謎

ボディ系と階層の話に戻る。主観的な階層意識（生活水準意識）を見ると、ボディ系は「上」が多く、「中」が少ないが、しかし「下」は少なくない。つまり上流と下流が多い階層分化型、二極化型である（図表3-16）。

対してホテル・レストラン系、普通系、エリート系は「中」が多い。そしてエリート系は「上」も多く、「下」は少ない。やはりエリート系は全体として上のほうにいるのである。

では、ボディ系が上下に二極化しているとはどういうことか。簡単に言えば、ボディ系

ボディ系は上流だと思う人が多いが、下流も少なくない

図表3-16 なりたい職業分野別・階層意識（%）

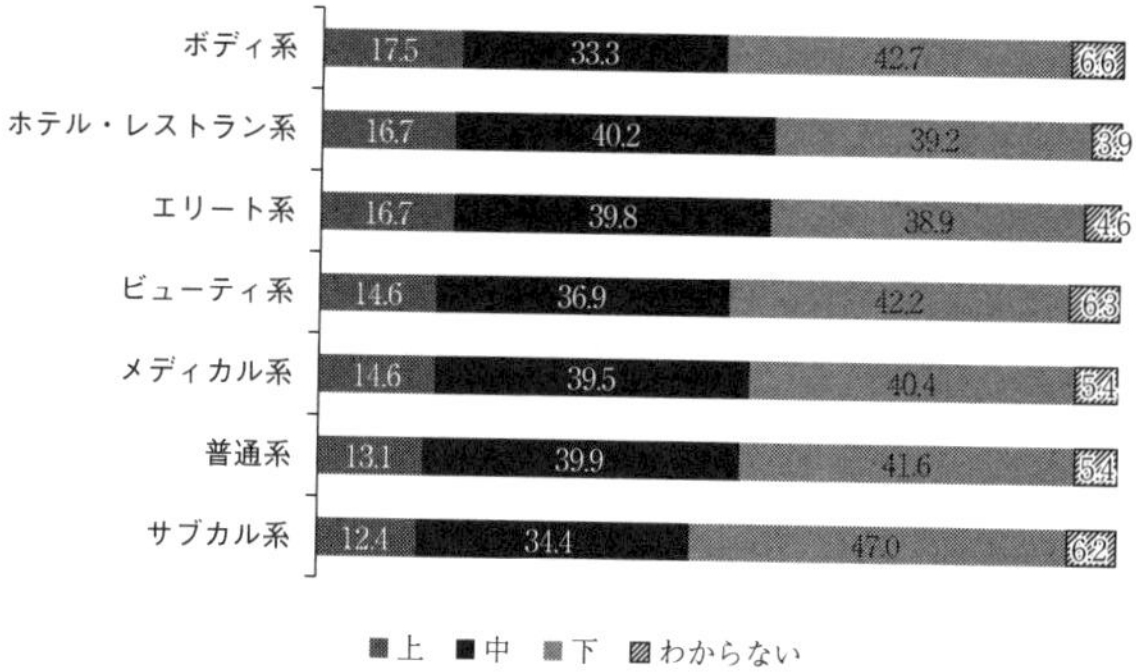

ボディ系は学歴・年収による格差が大きい

図表3-17 ボディ系の学歴別・年収別の階層意識

		人数	上	中	下	わからない
四大卒	200万円未満	63	11.1%	39.7%	44.4%	4.8%
四大卒	200～300万円未満	30	16.7%	43.3%	33.3%	6.7%
四大卒	300～400万円未満	30	**33.3%**	36.7%	30.0%	0.0%
四大卒	400万円以上	28	**35.7%**	50.0%	14.3%	0.0%
高卒以下	200万円未満	104	10.6%	31.7%	47.1%	10.6%

資料：カルチャースタディーズ研究所＋天笠邦一＋三菱総合研究所

の中には学歴・年収の高いエリート系に近いタイプと、学歴・年収の低いタイプがいるのだ。

ボディ系全体では年収が高いほど当然ながら上流が増える。四大卒では年収300万円以上で3分の1以上が上流である（図表3-17）。

ボディ系で四大卒以上の学歴で年収400万円以上の人が働く業種は金融・保険が24%であり、鉱業、土木、化学、金属という産業も合計19%いる。300万円以上400万円未満では医療・福祉業界が24%、公務員が12%と多い。こうした比較的安定した産業で働き年収が相対的に高い女性の中にも、なりたい職業がボディ系だという人がいるというのは興味深い結果である。人数としては少ないが、キャリアウーマンでかつ体をジムで鍛える人がいるわけだ。他方、高卒以下のボディ系はほぼ全員が年収200万円未満であり、下流が47%と約半数である。ボディ系の中のこうした格差が、上流と下流が多いという傾向となって現れるのである。

5　女性はどのように分化したか

†『下流社会』で提示した四象限の検証

このように見てくると、ボディ系女子は、この20年ほどの社会変化（女性の社会進出、輝く女性や稼げる女性への要請の高まりなど）の中から生まれてきた新しい女性類型であると言えるのではないか。

エリート系女子もサブカル系女子もこの20年に増えたが、この二つの類型が増えることは20年前でも予測できただろう。だがボディ系が誕生することは、少なくとも私は想像しなかった。

私は『下流社会』や『「かまやつ女」の時代』（いずれも2005年）で女性の類型を示す図（図表3-18）を提示した。統計的な根拠はあまりなくイメージでつくった図だが、今後、女性の階層格差が進み、

図表3－18　女性の類型化（2005年）

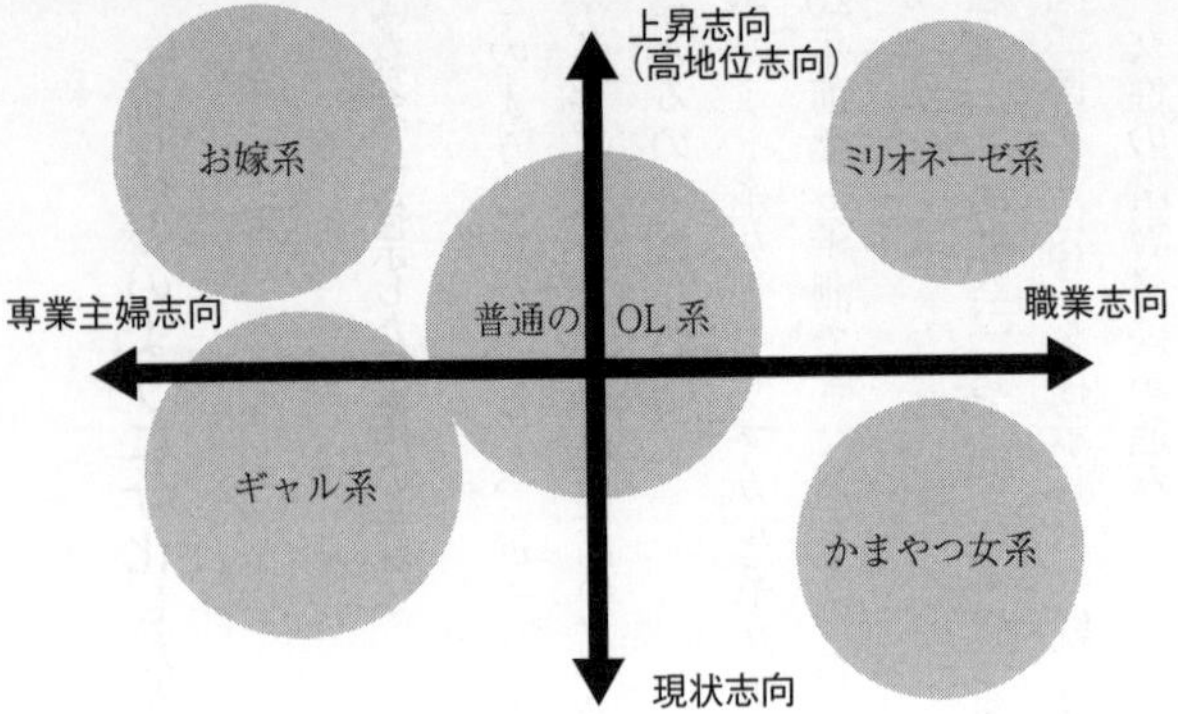

注：かまやつ女とは三浦展の造語。価値観としてはマイペース、自分らしさ、楽ちんを志向しつつ、手に職志向であり、専業主婦志向がない女性を指す
出所：三浦展『下流社会』（光文社新書、2005年）

①上昇志向が強く職業志向も強い「ミリオネーゼ系」（年収100万ドルを目指すイメージ）

②上昇志向は強いが専業主婦志向が強い（つまり裕福な男性との結婚を望む）「お嫁系」

③上昇志向が弱いが職業志向は強い「かまやつ女系」（本書で言うサブカル系にやや近い）

④上昇志向も職業志向も弱い「ギャル系」

の四つを典型として女性が分化していくという仮説を表す図である。

この図を本書の分析に沿って統計的に検

上昇志向が強いほど結婚しにくい

図表3-19　なりたい職業分野別・人生の勝ち組になりたい割合と既婚率（30-34歳）

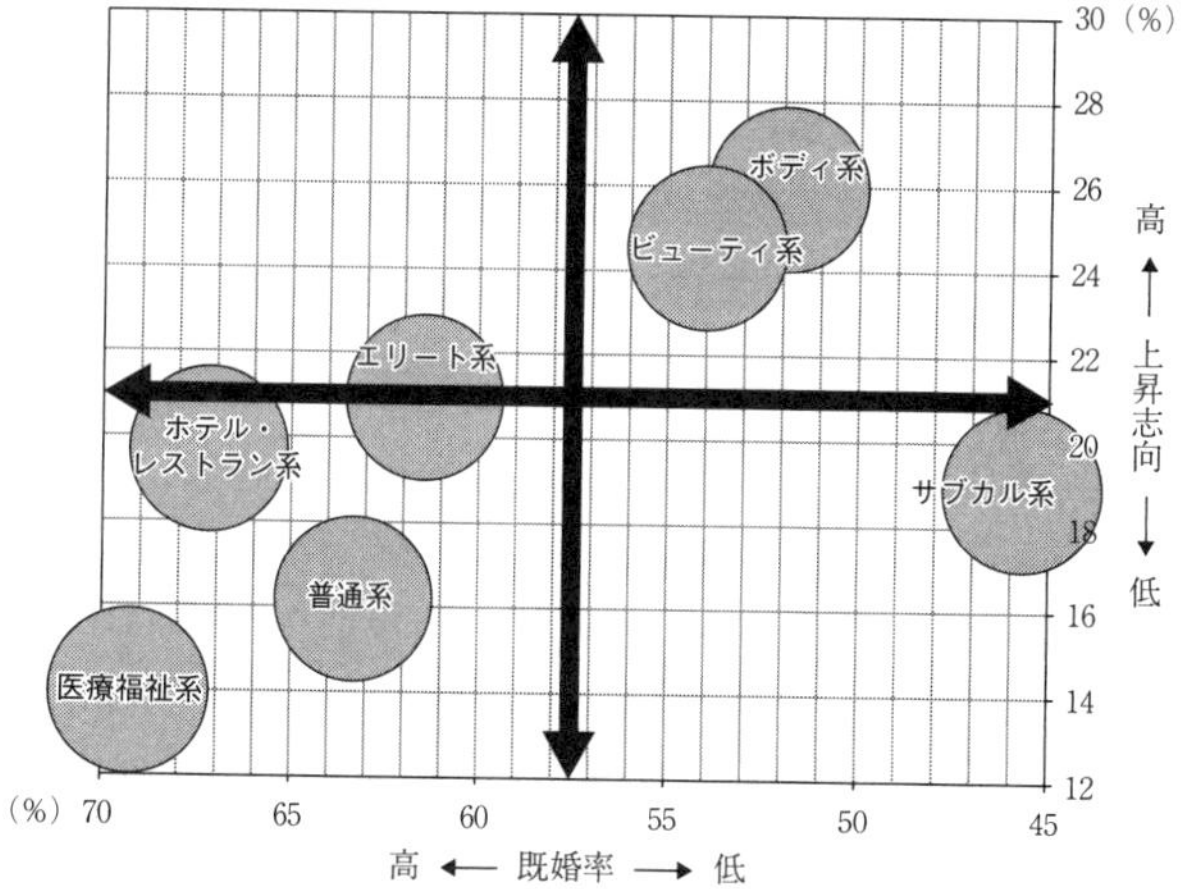

資料：カルチャースタディーズ研究所＋天笠邦一＋三菱総合研究所

証してみる。

図表3-18の軸に対応させて、30―34歳時点での既婚率を横軸（左ほど高い）、30―34歳での「人生の勝ち組になりたい」割合を縦軸に設定し、「なりたい職業分野」別にプロットした（図表3-19）。すると、勝ち組志向が強いほど既婚率が低いことが明解なのだ。サブカル系だけは既婚率も勝ち組志向も低いが、あとはほぼ正比例している。

詳しく見ると、ボディ系、ビューティ系の女性は上昇志向が強く、既婚率が低い「ミリオネーゼ系」

勝ち組志向が強いほど結婚する
図表3-20 「人生の勝ち組になりたい」と既婚率（30-34歳、n＝1486）

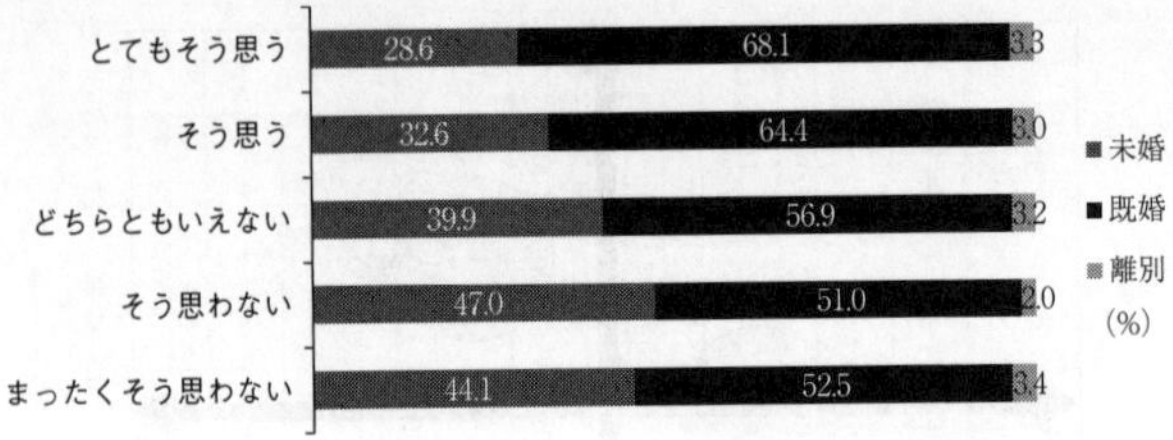

資料：三菱総合研究所「生活者市場予測システム mif」2019年

の位置にある。対して、医療福祉系、普通系の女性は既婚率が高く、上昇志向は弱い。ホテル・レストラン系、エリート系は既婚率は高く、上昇志向はほどほど、という結果である。

また『下流社会』の図におけるかまやつ女系は、ほぼサブカル系に近いだろう。好きなことを仕事にして生きたいタイプである。

ところが、ｍｉｆでサンプル全体を集計すると、男女各年代とも上昇志向が強いほど既婚率が高まる傾向が明らかである（図表3-20）。「なりたい職業分野」とは反対の結果である。つまり女性全体としては、勝ち組であることの条件として結婚が組み込まれているとも言えるのだ。

ということは、上昇志向が強いのに結婚をしていない人が多いボディ系、ビューティ系は、彼女たちが、いつか結婚という勝ち組の条件を手に入れたいという願望を「なりたい職業」に投影しているとも考えられる。あるいは結婚（妻や母になるということ）が今でもある程度一種の「なりたい職業」の一つであるという言い方もできるだろう。

†エリート系女性は仕事と子育てを両立

また、従来であればエリート系の女性は上昇志向が強く、既婚率が低いというイメージがあったが（『下流社会』におけるミリオネーゼ系のように）、今はそうではない。現在のエリート系女性はエリート系男性と結婚して共働きになり、子どもも育てる、というタイプである。パナソニックのコマーシャルに出てくる、家電を駆使して夫と家事を負担しあいながら、外で働き家庭を維持する妻のイメージであろう。つまり、「いいとこどり」をしたのだ。

また現状の分析では、『下流社会』の図（図表3-18）におけるお嫁系の位置（左上象限）にはあてはまるものがない。裕福な専業主婦志向というものは潜在的願望としてはあるだろうが、現実には相当贅沢なものとして現代では衰退し、女性の類型としてはあまり意味をなさなくなったと言える。

ちなみに傍証データをみると、「労働力調査」によれば2002年の25—34歳の有配偶女性の労働力人口のうち就業者は43%。35—44歳では59%だった。これが2018年には25—34歳が67%、35—44歳が72%にどちらも大きく上昇している。つまり専業主婦というのはよほど裕福か、外で働くより家事や育児が好きな女性のすることになったのである。

こうしてエリート系が増え、お嫁系が衰退したのだ。

†ボディ系はミリオネーゼ系を目指す

ギャル系はファッションとしては縮小したが、かつてギャル系だったタイプは、今はボディ系だけでなく、医療福祉系を目指している可能性も高い。ギャル系は愛想がいいので老人ホームなどでは人気があるという説もあるし、歯科助手などにはなぜか元ギャル系が多い気がするからだ。その意味では、ギャル系は今も『下流社会』のときと同じポジションにいることになる。

しかし、私としてはやはりかつてのギャル系の多くが上昇志向の高いボディ系に変容したという仮説にこだわりたい。年収の高い仕事をするミリオネーゼ系を目指すボディ系がたくさんいるとも考えられるからだ。先ほど見たように、ボディ系でも四大卒以上では年収が高く、安定した企業に勤め、上流意識を持つ人も多い。さらに、経営者になったり金融系職業についたりした元ギャルも珍しくないとすれば、ミリオネーゼ系の位置にボディ系がいてもおかしくないだろう。

6　ボディ系の政治性

†ボディ系は自民党の親衛隊か

これまで見てきたように、ボディ系女子の多くは、年収が低く、未婚が多く、生活への不満や将来への不安が大きいにもかかわらず、上昇志向を持った（ミリオネーゼ系を目指す）女性たちであるらしいことがわかってきた。

だからこそ、なのかもしれないが、ボディ系女子の政治意識には大きな特徴があるのだ。ボディ系女子は、現在進められている自民党の（官僚による？）政策におおむねすべて肯定的なのである（図表3-21）。

ボディ系は自民党の政策に肯定的

図表3-21　なりたい職業分野別・政策支持率

	日本国憲法9条（戦争放棄）の見直し	アメリカとの同盟強化	原子力発電の推進※	法人税率の大幅な引き下げ※	集団的自衛権の容認※	高度プロフェッショナル制度の導入※	女性活躍推進
ボディ系	**12.0%**	**12.0%**	**16.5%**	**24.3%**	**23.8%**	**26.2%**	**29.2%**
ビューティ系	8.7%	8.6%	14.6%	21.6%	20.9%	23.0%	26.5%
ホテル・レストラン系	8.7%	8.8%	15.4%	23.2%	21.1%	23.2%	25.8%
普通系	7.2%	6.9%	12.7%	19.8%	19.7%	20.5%	22.7%
サブカル系	8.1%	8.1%	13.1%	19.6%	22.5%	20.6%	26.6%
医療・福祉系	7.5%	6.9%	13.2%	20.5%	17.4%	21.9%	27.4%
エリート系	8.4%	8.6%	15.7%	21.0%	**24.0%**	**25.4%**	26.4%

注：※は「どちらかといえば支持する」を含む
資料：カルチャースタディーズ研究所＋天笠邦一＋三菱総合研究所

　まず日本国憲法9条（戦争放棄）の見直しに対して、12％が支持し、「どちらかというと支持」を加えると27％が支持しており、職業分野中最多である。その他、アメリカとの同盟強化、原子力発電の推進、法人税率の大幅な引き下げ、高度プロフェッショナル制度の導入、女性活躍推進のいずれでも支持率は1位である。まるで自民党の親衛隊である。

　自衛隊員・警察官になりたい人を含んでいるからかとも思って、個別の職業別に憲法見直し支持率を見てみた。

　すると、支持が12％以上あるのは、キャビンアテンダント、自衛官・警察官・消防士、ファッションデザイナー・パタンナー、運転手・宅配便ドライバー、農業・漁業・猟師、ダンサー・ダンスやエアロビのインストラクター、プログラマー・エンジニア、ユーチューバー、ホステス・キャバクラ嬢、経済経営系（会計士・税理士・コンサルタント・フィナンシャルプランナーなど）、法律系（弁護士・裁判官・検察官・司法書士など）、テレビ・ラジオ制作関係、金融・不動産関係である。

この中で、ユーチューバー、運転手・宅配便ドライバー、自衛官・警察官・消防士、ダンサー・ダンスやエアロビのインストラクターはボディ系の職業である。ホステス・キャバクラ嬢、ファッションデザイナー・パタンナー、キャビンアテンダントはビューティ系である。

つまりSNSを最も使いこなしている類型の女性たちが、最も自民党の政策を支持しているのである！　これはもしかしてSNSによる何らかの情報操作が影響しているのではないかとすら疑ってみたくなる傾向である。

他方、憲法見直し支持率が低いのは、雑貨屋・インテリアショップ、普通のOL・事務職、ケーキ屋・パン屋・パティシエ・カフェ、保育士・幼稚園教諭、学校・塾の教員であり、7％前後しかない。人数で言えば最多である普通系の職業を望む人、そして映像発信

女性は博士課程修了すると
男性並みに憲法見直しを支持する

図表3-22　男女別学歴別・憲法9条見直し支持率

	男性		女性	
	支持する	どちらかというと支持する	支持する	どちらかというと支持する
中卒	16.3%	13.3%	5.4%	12.1%
高卒	16.3%	16.5%	8.2%	13.3%
専門学校・専修学校卒	18.6%	13.2%	7.8%	14.8%
短大・高等専門学校卒	17.3%	16.1%	6.9%	14.3%
四大卒	17.8%	16.7%	7.5%	14.6%
修士課程修了	19.2%	16.9%	8.2%	13.9%
博士課程修了・単位取得退学	19.4%	15.8%	16.0%	14.0%

やライブ動画発信やツイートをあまりしない、い人たちが最も憲法見直しを望んでいないのだ。普通の平和で平凡な仕事と生活を望む人々が、憲法を変えてアメリカの戦争に荷担しやすくすることに否定的なのは当然であろう。

†博士課程修了者だけが男性並みに9条見直し支持

また、男女の学歴別に憲法9条見直し支持率を見ると、男性は学歴による差がない。しかし女性は博士課程修了者だけが男性並みに見直しを支持している。三浦瑠麗《るり》が典型か（図表3-22）。

にもかかわらず、ボディ系女子は12％が9条見直し支持というのは、ボディ系女子が高学歴ではないことを考慮すると、かなり突出した傾向である。

博士課程修了のエリート女性と、学歴が低いが上昇志向と体力のあるボディ系が同じように憲法見直し支持とはなかなか興味深い。エリート女性が命令し、ボディ系女性が従う、という新しい社会の支配の構図が見えてこないだろうか。

上野千鶴子・東京大学名誉教授が2019年の入学式の祝辞でこう述べた。

「あなたたちのがんばりを、どうぞ自分が勝ち抜くためだけに使わないでください。恵まれた環境と恵まれた能力とを、恵まれないひとびとを貶めるためにではなく、そういうひとびとを助けるために使ってください。そして強がらず、自分の弱さを認め、支え合って生きてください。女性学を生んだのはフェミニズムという女性運動ですが、フェミニズムはけっして女も男のようにふるまいたいとか、弱者が強者になりたいという思想ではありません。フェミニズムは弱者が弱者のままで尊重されることを求める思想です」

上野がそう言ったのは、東大などの偏差値の高い大学を出た女性が、ややもすれば男のような強者になり、恵まれないひとびとを貶める傾向があることを知っているからではないかと私は思った。上野が望むように、東大の学生男女比が50：50に近づけば近づくほど、逆に上野が望まないように、女性が強者になり、恵まれないひとびとを貶める女性が増えるだろうと私は思う。東大卒の女性政治家による生活保護受給者への批判などに典型的なように、上流化した女性が下流化した女性を差別するようになる。そういう傾向を、おそらく上野は実感し、それが女性の高学歴化と社会進出の意図せざる「鬼っ子」であると思っているのであり、だからこそ、そうではない未来を願ったのであろう。

コラム7 資格系キャバクラに行ってみた（三浦）

資格は職業の筋肉である

資格系キャバクラというものができたとFacebookで知った（私のようなおじさんの使うSNSはFacebookが主である）。本文でも触れたキャバクラ嬢になりたい女子がたくさんいた頃、街を取材すると大学院生キャバクラというものができていて、びっくりして取材をしたことがある。

ところが調べてみると、まさにその大学院生キャバクラのあった東京某所の同じ場所に、資格系キャバクラができていたのだ！　びっくりだ。

10年前は高学歴の女子がキャバクラ嬢になるだけで話題になったが、今はそんなことはない。そこできっとキャバクラ経営者は考えた。今は「資格系女子」だと。資格を取って年収を上げたいという女子たちに、おじさんたちが金を使ってあげれば、最も効率的な（かどうかは不明だが）所得の再配分である。なにも大学院生に金を貢ぐ必要はないのだ。

なりたい職業分析にも役立ちそうだし、というわけでさっそく私は天笠さんと取材にでかけた。編集者は「楽しんできてくださーい」などと気軽なことを言うが、金もかかるし、こっちはけっこう真面目である（?）。

行ってみると、これが大当たり！（笑）。何がいいかというと、話のネタに困らない。大学生キャバクラ嬢だと、「大学どこ?」「青学です」「へえ、いいとこだねえ。学部は?」「法学部」「ほー、頭いいんだ」「いや、別に普通です」などとなった後はけっこうしらける。「卒論なに?」なんて聞いてもしかたないし。まして院生キャバ嬢に「修論何?」と聞いて「マキャベリです」なんて答えられてもねえ。

だが資格系だと、次々と席に着く女子は、看護師だったり、管理栄養士だったり、IT系だったり、いろいろであり、それぞれが何を勉強して、どうやって就職して、どういう職場なのか聞くと話が盛り上がるのである。

相手の資格について意外に何も知らないことが功を奏する。看護学校の看護師の卵がどうやって就職するか。病院の前に並ぶわけじゃないし、エントリーシートを送るわけじゃない。そんなことは考えたこともなかったが、「こうやって就職先の病院を決めるんだ」と話を聞くと面白い。管理栄養士に病院の食事はなぜまずいかと聞くとか、歯科助手はなぜギャル系が多いかとか、つねづね疑問だったことに答えてくれる面もある。

一方で、せっかく管理栄養士として就職したのに、歯科矯正をするためになぜだか仕事を辞めて資格系キャバクラでバイトをしているという、計画性のない女子もいて、これはこれで取材としては興味深い。

そういう資格系キャバクラ嬢たちはどんなSNSを使うのかと聞いてみたら、Instagramで本職のキャバクラ嬢の化粧法とかファッションを見るのが好きだという。やはりこういうところでバイトをする女子にとっては、まだキャバクラ嬢は影響力を持っているらしいのだ。

資格系キャバクラ嬢は、ファッションはグレーっぽいミニスカートのワンピースが制服であり、化粧も髪型も特に派手ではない。そういう彼女たちにとっては本職としてキャバクラ嬢をしている女性の本格的な化粧やファッションは憧れらしいのである。

それから意外に重要だと思ったのは、資格はリアルだということである。「普通のOL」「普通の学生」などと比べて実質がある。何ができる、何を知っている、というリアリティがあるのだ。何の役に立つのかわからない大学受験勉強とは違う。

つまり資格は、いわば職業のための筋肉なのだ。その意味で、資格系女子と筋肉女子にはつながりがあるようにも思えた。すべてがスマホの中で済んでしまうようなメディア環境の発達により、リアリティが希薄化する日常の中で、筋肉と資格が人間にリアリティを与える。そんな見方ができそうだ。

資料　なりたい職業の分類

ボディ系　424人
スポーツ関係(選手、インストラクター)　お笑い芸人・アイドル　ユーチューバー　運転手・宅配便ドライバー　自衛官・警察官・消防士　ダンサー・ダンスやエアロビのインストラクター
ビューティ系　1202人
ブティック・アパレル店員　俳優・モデル・アナウンサー・キャスター・気象予報士　デザイナー(グラフィック、映像、ウェブ系など)　歌手・ミュージシャン・アニメ声優　ホステス・キャバクラ嬢　美容系(美容師・ネイリスト・エステティシャン・美容部員)　ファッションデザイナー、パタンナー　キャビンアテンダント
ホテル・レストラン系　737人
料理人・シェフ　旅行関係(添乗員など)　ブライダル関係(ウェディングプランナーなど)　ホテルマン・飲食店
普通系　2116人
ケーキ屋・パン屋・パティシエ・カフェ　雑貨屋・インテリアショップ　普通のＯＬ、事務職　プログラマー・エンジニア
サブカル系　753人
ライター・編集者・新聞記者　漫画・ゲーム・アニメ制作関係　テレビ、ラジオ制作関係　イベント企画・音楽関係
医療福祉系　799人
医療系(歯科技工士、理学療法士など)　福祉関係(介護士など)　保育士・幼稚園教諭
エリート系　1120人
医師・看護師・薬剤師　法律系(弁護士・裁判官・検察官・司法書士など)　経済経営系(会計士・税理士・コンサルタント・フィナンシャルプランナーなど)　建築家、インテリアデザイナー学校、塾の教員　公務員(警察官・消防士・教員除く)　金融・不動産関係
その他　688人
職人系(工業、工芸など)　動物関係(獣医・ペットショップ・トリマー・調教師など)　農業・漁業・猟師
無回答　1801人

資料　ＳＮＳ利用方法の分類

映像発信系　1364人
Instagram に写真・動画を投稿する　Instagram のストーリーを投稿する　Facebook に近況の文章や写真を投稿する　Facebook のストーリーを投稿する
ツイート系　1363人
Twitter にツイートを投稿する
ライブ動画系　207人
LINE でライブ配信をする　YouTube に動画を投稿する　Twitter でライブ配信(Periscope)をする　Instagram でライブ配信をする　ニコニコ生放送でライブ配信をする　Facebook のライブ配信をする
閲覧系　4190人
LINE でタイムラインを閲覧する　LINE でライブ配信を閲覧する　Twitter の投稿を閲覧する　Twitter でライブ配信(Periscope) を閲覧する　Instagram の投稿を閲覧する　Instagram のストーリーを閲覧する　Instagram でライブ配信を閲覧する　Facebook の投稿を閲覧する　Facebook のストーリーを閲覧する　Facebook のライブ配信を閲覧する　ニコニコ生放送を閲覧する　ツイキャスを閲覧する
検索系　765人
Instagram で検索をする　Facebook で検索をする
その他　4628人
LINE でメッセージを送受信する　LINE でタイムラインに投稿する　Twitter の投稿に「いいね」する　Twitter の投稿をリツイートする　Twitter で検索をする　YouTube でライブ配信をする　Instagram の投稿に「いいね」する　Facebook の投稿に「いいね」する　Facebook の投稿をシェアする　Snapchat で写真・動画を送受信する　Snapchat でストーリーを閲覧する　Snapchat でストーリーを投稿する　ツイキャスでライブ配信をする　自分のブログに投稿をする
無回答　578人

資料　余暇行動の分類

スポーツ系　446人
卓球　テニス　アイスホッケー　野球、ソフトボール　バドミントン　ボウリング　剣道・柔道・空手・合気道などの武道　アイススケート、フィギュアスケート　サッカー、フットサル　バレーボール　バスケットボール
アウトドアスポーツ系　559人
ゴルフ　サーフィン、ボディボード　自転車、サイクリング　スキューバダイビング、スキンダイビング　釣り　スキー　スノーボード　乗馬　ヨット、クルーザー、ボート、水上バイク　水上スキー、ウェイクボード　ハンググライダー、パラセイル
美容・健康系　1306人
ジャズダンス、エアロビクス体操、アスレチック　水泳(プール)　ヨガ、ピラティス、太極拳　ジョギング　ウォーキング
観光系　2380人
健康ランド、スーパー銭湯、岩盤浴　観光、名所めぐり　温泉リゾート地　遊園地やテーマパークなどのレジャー施設
ショッピング、グルメ系　2849人
食べ歩き　ショッピング
家族アウトドアレジャー系　1414人
ハイキング、登山キャンプ、オートキャンプ　バーベキュー　ドライブ　ツーリング　海水浴
鑑賞系　2577人
映画館での映画鑑賞　録画やDVDレンタルでの映画鑑賞　コンサート、ライブ　美術館　観劇
パソコン、ゲーム系　2726人
ゲームセンター　パソコン(ゲーム以外)　パソコンでのゲーム・オンラインゲーム　Wii、PS3、Xbox 360等のテレビゲーム　DSやPSP等の携帯型ゲーム　スマートフォンや携帯端末でのゲーム　マンガを読む
ギャンブル系　1187人
競馬、競輪、競艇　マージャン　パチンコ、スロット　カラオケ
観戦系　314人
スタジアムでの野球観戦　スタジアムでのサッカー観戦
伝統系　131人
茶道、華道　書道　囲碁、将棋
その他　2574人
社交ダンス　楽器演奏　カメラやビデオ撮影　読書(マンガを除く)　編物、洋裁、和裁、手芸　絵画、工芸、陶芸　ガーデニング、園芸、盆栽　好きなタレント、アーティストのグッズ購入、追っかけ　ビリヤード　上記以外のもの

あとがき――入り組み、もつれた要素を分解する楽しさ

三浦 展

私のこれまでの調査の経験上、男性なら大概のことは年収の差で説明がつくと思っている。しかし女性は自分の年収だけでなく、夫の年収が重要であり、したがって未婚か既婚かが意識に大きな影響を与え、さらに子どもがいるか、容姿に自信があるかなどの要素も重要である。だから分析のしがいがある。女性の意識と行動を規定している、入り組み、もつれた要素を分解するのが楽しいのだ。

私がはじめて本格的に女性だけを調査したのは２００４年に読売広告社と共同で行ったものだと記憶するが、前述のような多様な要素の相互影響関係はますます複雑になっているように感じる。２００４年と今では15年違う。20―30代女性は半数近くが四年制大学を卒業しており、大学での専門分野も多様になり、職業分野も広がり、長い職業経験を持つ

人も増えた。年収の高い女性も増えたが、年収が低い女性ももちろんまだ多く、専業主婦は贅沢な「職業」となった。だが、それだけの変化があっても、結婚できたかどうかは今もなお重大な影響を与えている。

本書はSNSなどのアプリの使い方という観点から、この複雑な女性の類型化を試みたが、テーマ的に私の力ではまったく不足だったので、天笠さんの力を借りた。天笠さんには女子大教員という日常経験から来るリアルな心理分析をしていただいたと思う。感謝をしたい。

アプリが多様であり、その使い方も多様であり、かつ世代による使い方の違いもあるため、分析にはかなり手間取った。だから本書の内容もあくまで分析の途上であり、中間報告であると言ったほうが良いだろう。メディア研究、世代研究、女性研究それぞれの専門家の方々のご意見、ご指導をお待ちしたい。

あとがき――SNSは自己効力感を生み出すためのエンジン

天笠邦一

女子大で働き、社会に出る前の女性たちと接しているなかで、彼女たちに不足していると強く感じるものがある。それは「自信」「自己効力感」だ。

一見、自信に満ちている女性でも、次の瞬間も同じようにキラキラしていられるのかいつも不安と闘っている。あまり前に出ないタイプの女性であればなおさらだ。彼女たちは、本当によく周囲を見ているのだ。そして自分よりも優れている（と思われる）人に目を向け、「こんな自分なんて」と悩んでいる。結果、チャレンジは好まれず、未だに一般事務職は女子大では人気の職種だ。

彼女たちに比べれば、ゲームやアニメに熱中している同世代の男子の方が、社会や周囲に興味がない分、よほど根拠のない「自信」「自己効力感」に満ちている。事実、社会心理学分野における、国際比較論文をみても日本女性の自尊心水準は低い。

これは、女性の社会進出を考える上ではマイナスだ。自分が「できる」と信じられなければ、それに向けた努力などできない。多くの人は無駄な努力はしないのだ。そして、努力しなければ、さらなる自信を重ねるための成功（もしくは失敗）体験も得られない。この自信⇕努力⇕結果のサイクルへの動機づけが、特に女性は弱いように感じている。

しかし、そんななかでも、女性は社会に出て戦わなければならない。時代的要請により社会に押し出され、男性のようにあらゆるフィールドで働け、子どもも産めと、多様な社会的役割を求められる。こんな無理難題に応えるためには、男性中心の古い体質の残る社会の中で、何とかして自己効力感を高めなければならない。そのような環境の中で頑張る女性たちが、自己効力感を生み出すための新たなエンジンとして活用しているのがＳＮＳであり、様々なアプリなのではないだろうか。

女性の社会進出が進み、以前より様々な能力や個性・趣味を持った女性が、世間にもまれながらも奮戦している。タイプが異なれば、それぞれ他者から評価され、自己評価を上げるための戦略は異なる。そんな多様な女性たちに、新たに生まれた様々なＳＮＳが、それぞれ最適な自己効力感獲得の場を提供しているのだ。

このようにSNSを、女性が棲み分けながらそれぞれに合った形で、自らの努力や力を認識し自己効力感を獲得する場として考えると、決して無視ができないSNSの特徴がある。それは、SNSは「表現の場」であり、「可視化」が利用の前提にあるという事だ。

つまり、「見える努力」に対する相性がよい。「露出」も「覗き見」もその意味では、SNS時代に女性が自己効力感を得るための一つの戦略といえるし、「筋肉」はそのためのツールとしては、「コスパ的」に最強である（一方、資格化されない学問や知識は、表現のコストが高くコスパが悪いのだ……学問受難の時代である）。

本書では、女性のSNSやアプリの使い方の類型を探る一方で、なりたい職業からみる女性の価値観について考察を行ってきた。一見、まとまりがない議論に思えたかもしれないし、ここで示したのはあくまで統計的な傾向であり、それ以上ではない。（現実は例外に満ちている）。しかし、本書を「現代女性の自己効力感獲得」のための戦略書としてみると、一本筋が通った形で理解していただけるのではないだろうか。もちろん、議論としてはまだ最初の段階で、分析が荒い部分も多々ある。是非、様々な専門家の方々による検証や議論を期待したい。

最後に、本書の共著者である三浦展さんとは、分析の段階から様々な意見を交わすなかで、多くの知的な刺激を頂いた。また、編集の藤岡美玲さんと家庭におけるパートナーである清水愛子からは多くの有意義な助言を受けることができた。心より感謝したい。

ちくま新書
1429

露出《ろしゅつ》する女子《じょし》、覗《のぞ》き見《み》る女子《じょし》
——SNSとアプリに現《あらわ》れる新階層《しんかいそう》

二〇一九年八月一〇日　第一刷発行

著者　三浦 展（みうら・あつし）／天笠邦一（あまがさ・くにかず）

発行者　喜入冬子
発行所　株式会社 筑摩書房
東京都台東区蔵前二-五-三　郵便番号一一一-八七五五
電話番号〇三-五六八七-二六〇一（代表）
装幀者　間村俊一
印刷・製本　三松堂印刷 株式会社

ISBN978-4-480-07243-6 C0236